Français

3e Prépa-Pro

Sous la direction de
Corinne Abensour
Marie-Hélène Dumaître

Auteurs
Corinne Abensour
Claire Beilin
Marie-Hélène Dumaître

Avec les conseils pédagogiques de
Guillaume Jacq
IEN lettres-histoire académie de Grenoble

TECHNIQUE

Le site du professeur : **www.nathan.fr/lettreshistoire-lp**

Les ressources suivantes sont à votre disposition :

• **Un dossier métier**, dans le cadre du « **Parcours avenir** », adapté aux élèves de la voie professionnelle : recherche de stage, lettre de motivation, entretien téléphonique, découverte de l'entreprise.

• **Le livre du professeur :** corrigés et mises en œuvre pédagogiques.

• **Le manuel videoprojetable :** permet de projeter en classe les pages de l'ouvrage. Dès la rentrée, téléchargez-le gratuitement sur PC ou clé USB pour un usage simple dans toutes vos salles de classe. (réservé aux enseignants prescripteurs).

Coordination éditoriale : Christine Asin
Édition : Séverine Martineau – Aude Benkaki
Conception maquette et couverture : Isabelle Jalfre
Mise en pages : Alinéa
Cartographie : Légendes Cartographie
Illustrations et infographies : Sylvia Bataille – Marie Lévêque
Iconographie : Maryse Hubert
Fabrication : Maria Pauliat

25 avenue Pierre de Coubertin, 75211 Paris Cedex 13
ISBN : 978-2-09-164978-8

Sommaire

Thème 2

Vivre en société, participer à la société

Thème 3

Regarder le monde, inventer le monde

Thème 4

Agir sur le monde

Thème 5

Questionnement complémentaire

GRAMMAIRE 120

Langue

Écriture

Oral

Lecture d'image

LE NOUVEAU BREVET

BO n° 14 du 8 avril 2016

→ Qu'est-ce que le diplôme national du brevet (DNB) ?

- Le diplôme national du brevet est le **premier niveau de diplôme** délivré par l'État français. Il correspond aux connaissances qu'un élève a dû acquérir pendant sa scolarité au collège.
- Le brevet est composé de plusieurs éléments qui forment un **diplôme unique**.
- Pour réussir le brevet, il faut obtenir **au minimum 350 points sur 700 points** répartis comme suit :

  – le **contrôle continu** portant sur chacun des huit champs d'apprentissage du socle commun est évalué sur **400 points** ;

  – les **épreuves écrites** (l'épreuve de français et histoire-géographie-enseignement moral et civique, l'épreuve de mathématiques, PSE, sciences et technologie) et l'**épreuve orale** (portant sur un des projets menés par le candidat dans le cadre des enseignements pratiques interdisciplinaires du cycle 4 du Parcours avenir, du Parcours citoyen ou du Parcours d'éducation artistique et culturelle) sont évaluées chacune sur 100 points. L'ensemble des épreuves est donc évalué sur **300 points**.

Déroulement de l'épreuve

LE MATIN

L'épreuve porte sur **la compréhension, l'analyse et l'interprétation des textes littéraires et de documents, et sur la maîtrise de la langue à l'écrit.**

→ **9 h-11 h :** questionnaire portant sur le corpus histoire-géographie-enseignement moral et civique.

→ **11 h-11 h 15 :** pause.

→ **11 h 15-12 h 15 :** questionnaire portant sur le corpus de documents français-arts.

L'APRÈS-MIDI

L'épreuve porte sur **la maîtrise de la langue à l'écrit et la capacité de rédaction**. Seul le français est concerné.

→ **14 h-14 h 30 :** dictée et exercice de réécriture.

→ **14 h 30-16 h :** travail d'écriture, en lien avec le corpus de documents français-arts étudié pendant la première partie de l'épreuve.

L'épreuve dure au total 5 heures dont 3 heures de français et 2 heures d'histoire-géographie-enseignement moral et civique.

→ Comment se déroulent les épreuves de l'examen ?

- L'**épreuve écrite** de français-arts (3 heures) et d'histoire-géographie-enseignement moral et civique (2 heures) est organisée autour d'un thème « fil rouge ». Elle comporte des **questions identifiées pour chaque discipline**. Elle est évaluée sur **100 points**.
- L'**épreuve orale** qui porte sur l'un des projets menés dans le cadre des **enseignements pratiques interdisciplinaires du cycle 4**, du Parcours avenir, du Parcours citoyen ou du Parcours d'éducation artistique et culturelle est évaluée sur **100 points**.
- L'**épreuve écrite** qui porte sur les programmes de mathématiques, PSE, sciences et technologie est évaluée sur **100 points**.

→ L'épreuve d'histoire-géographie-enseignement moral et civique

Elle dure 2 heures et comporte trois exercices obligatoires.

EXERCICE 1 • Analyser et comprendre des documents (20 points)

L'exercice porte sur **un ou deux documents d'histoire ou de géographie** : texte, photographie, carte, affiche... **Vous devez répondre à des questions ou à une consigne.**

EXERCICE 2 • Maîtriser différents langages pour raisonner et utiliser des repères historiques ou géographiques (20 points)

Vous devez répondre à une question d'histoire ou de géographie sous la forme d'un **développement construit.**

Éventuellement, un exercice met en jeu un autre langage : vous devez réaliser un croquis, un schéma, une frise chronologique, compléter une carte et sa légende...

EXERCICE 3 • Mobiliser des compétences relevant de l'enseignement moral et civique (10 points)

Une problématique d'enseignement moral et civique vous est posée à partir d'une situation pratique. Vous devez répondre à une ou plusieurs questions, qui peuvent s'appuyer sur un ou deux documents.

→ L'épreuve de français-arts

- Un **premier exercice** de **1 heure** prend la forme d'un questionnaire portant sur un corpus de documents français-arts.
- Un **deuxième exercice** de **30 minutes** consiste en une dictée et une réécriture.
- Pour finir, un **troisième exercice** de **1 heure 30** est un travail d'écriture en lien avec le corpus de documents français-arts étudié pendant la première partie de l'épreuve.

Se chercher, se construire

1 Se raconter, se représenter

SOMMAIRE

Compétences

Oral
- Exprimer à l'oral ses sensations, ses sentiments.
- Utiliser les ressources expressives du langage pour une lecture orale.

Écriture
- Exploiter les différentes fonctions de l'écrit.
- Adopter des procédures d'écriture efficaces pour rédiger.

Lecture et compréhension de l'écrit
- Élaborer une interprétation de textes littéraires.
- Lire des images et des textes non littéraires.

Langue
- Mettre en évidence du lien entre temps employé et sens.
- Prendre en compte et identifier la situation d'énonciation.

PROJET

À la fin de ce chapitre, vous réaliserez un autoportrait de groupe.

Pour préparer ce projet, vous devrez :

- découvrir les caractéristiques de l'écriture autobiographique (p. 14)
- découvrir différents textes autobiographiques (p. 16 à 22)
- rendre compte à l'oral d'un film biographique (p. 28)
- vous présenter en textes et en images (p. 30)

Norman Rockwell,
Triple autoportrait, 1960.

L'écriture autobiographique

J'étais enfant et je jouais près de la case[1] de mon père.

Quel âge avais-je en ce temps-là ? Je ne me rappelle pas exactement.

Je devais être très jeune encore : cinq ans, six ans peut-être. Ma mère était dans l'atelier, près de mon père, et leurs voix me parvenaient, rassurantes, tranquilles, mêlées à celles des clients de la forge et au bruit de l'enclume[2]. Brusquement j'avais interrompu de jouer, l'attention, toute mon attention, captée par un serpent qui rampait autour de la case, qui vraiment paraissait se promener autour de la case ; et je m'étais bientôt approché. J'avais ramassé un roseau qui traînait dans la cour – il en traînait toujours, qui se détachaient de la palissade de roseaux tressés qui enclôt notre concession[3] – et, à présent, j'enfonçais ce roseau dans la gueule de la bête. Le serpent ne se dérobait pas : il prenait goût au jeu ; il avalait lentement le roseau, il l'avalait comme une proie, avec la même volupté[4], me semblait-il, les yeux brillants de bonheur, et sa tête, petit à petit, se rapprochait de ma main. Il vint un moment où le roseau se trouva à peu près englouti, et où la gueule du serpent se trouva terriblement proche de mes doigts. Je riais, je n'avais pas peur du tout, et je crois bien que le serpent n'eût plus beaucoup tardé à m'enfoncer ses crochets dans les doigts si, à l'instant, Damany, l'un des apprentis, ne fût sorti de l'atelier. L'apprenti fit signe à mon père, et presque aussitôt je me sentis soulevé de terre : j'étais dans les bras d'un ami de mon père !

Camara Laye, *L'Enfant noir*, 1953.

Un récit entre le présent et le passé
Le récit met en parallèle le moment de l'écriture et le moment de l'événement raconté.

Un récit à la première personne
L'utilisation de la première personne dans le récit autobiographique montre une identification totale entre l'auteur et le narrateur.

Le regard personnel
L'auteur, à travers les événements qu'il relate, livre ses souvenirs intimes, ses sentiments.

1. Case : habitation en matériaux légers des pays chauds.
2. Enclume : masse métallique sur laquelle on forge les métaux.
3. Concession : en Afrique, terrain clos regroupant autour d'une cour plusieurs habitations où loge une famille.
4. Volupté : plaisir.

QUESTIONS

1. Quel pronom l'auteur utilise-t-il pour raconter l'événement ? Justifiez votre réponse en relevant toutes ses marques.

2. Dans le premier paragraphe, quels sont les deux temps verbaux utilisés ? D'après vous, pourquoi l'auteur les utilise-t-il ?

3. Expliquez la différence entre le « je » de « Je ne me rappelle pas exactement. » (l. 2-3) et celui de « J'avais ramassé un roseau… » (l. 11-12).

Bohicon, au Bénin.

Connaissances

L'essentiel sur l'écriture autobiographique

Dans le récit autobiographique, l'auteur passe un pacte avec son lecteur. Il installe une relation de franchise avec celui qui devient son confident. L'écrivain s'engage à dire la vérité sur son passé, à être honnête en ce qui concerne ses souvenirs.

→ UN RÉCIT ENTRE LE PRÉSENT ET LE PASSÉ

Dans un récit autobiographique, l'auteur est marqué par le souvenir des événements passés et évoque des faits de son enfance.

Les temps du passé, qui indiquent les retours en arrière, alternent avec le présent.

→ UN RÉCIT À LA PREMIÈRE PERSONNE

Le « je » représente à la fois celui qui vivait dans le passé et celui qui écrit dans le présent.

→ UN REGARD SUR L'ENFANT QU'ON A ÉTÉ

L'auteur essaie de raconter honnêtement ses souvenirs, de les analyser, de les commenter.

De l'autre côté du miroir, quelle image donner de soi ?

George Sand (1804-1876)

George Sand a écrit de nombreux romans. Elle est également connue pour son engagement féministe. De son vrai nom, Aurore Dupin, elle avait choisi le pseudonyme masculin de George Sand pour publier ses œuvres.

Texte 1 Se construire sous le regard des autres

Dans cet extrait de son autobiographie, George Sand évoque l'éducation qu'elle a reçue.

J'étais fortement constituée, et, durant toute mon enfance, j'annonçais devoir être fort belle, promesse que je n'ai point tenue. Il y eut peut-être de ma faute, car à l'âge où la beauté fleurit, je passais déjà les nuits à lire et à écrire. Étant fille de deux êtres d'une beauté parfaite, j'aurais dû ne pas dégénérer, et ma pauvre mère, qui estimait la beauté plus que tout, m'en faisait souvent de naïfs reproches. Pour moi, je ne pus jamais m'astreindre à soigner ma personne. [...]

Se priver de travail pour avoir l'œil frais, ne pas courir au soleil quand ce bon soleil de Dieu vous attire irrésistiblement, ne point marcher dans de bons gros sabots de peur de se déformer le cou-de-pied, porter des gants, c'est-à-dire renoncer à l'adresse et à la force de ses mains, se condamner à une éternelle gaucherie, à une éternelle débilité, ne jamais se fatiguer quand tout nous commande de ne point nous épargner, vivre enfin sous une cloche pour n'être ni hâlée, ni gercée, ni flétrie avant l'âge, voilà ce qu'il me fut toujours impossible d'observer. Ma grand-mère renchérissait encore sur les réprimandes de ma mère, et le chapitre des chapeaux et des gants fit le désespoir de mon enfance ; mais, quoique je ne fusse pas volontairement rebelle, la contrainte ne put m'atteindre. Je n'eus qu'un instant de fraîcheur et jamais de beauté.

George Sand, *Histoire de ma vie*, 1854-1855.

À retenir

Qu'est-ce que le pacte autobiographique ?
C'est un engagement de l'auteur qui raconte sa vie, son histoire, son enfance dans un esprit de vérité. Dans le pacte autobiographique, le lecteur accepte cependant que la vérité soit déformée par les failles de la mémoire.

JE DÉCOUVRE LE TEXTE

1 Questions pour lire et comprendre

1. Quelle période de sa vie George Sand évoque-t-elle ? Quels en étaient les acteurs marquants ?

2. Avait-elle de bonnes relations avec sa famille ?

3. « Avoir l'œil frais, ne pas courir au soleil » (l. 8) : qui donne ces conseils à la jeune fille ? S'y conformait-elle ? Montrez, en citant le texte, que George Sand est en désaccord avec ce discours.

4. À votre avis, qu'aimait faire George Sand lorsqu'elle était enfant?

2 Je fais le bilan

5. D'après cette autobiographie, qu'attendait-on des jeunes filles à l'époque de George Sand ? Rédigez un paragraphe argumenté en vous aidant de vos réponses aux questions précédentes.

Dessin réalisé par Alfred de Musset, *George Sand*, 1833.

JE M'ENTRAÎNE

Langue

➜ Maîtriser le verbe et son orthographe

Réécrivez les lignes 8 à 15 en remplaçant chaque infinitif par un verbe conjugué à la première personne du singulier : « Je me prive de travail… »

Écriture

➜ Adopter des stratégies d'écriture efficaces

Sur le modèle du deuxième paragraphe, en énumérant des actions à l'infinitif puis en concluant par « voilà ce qu'il me fut toujours impossible d'observer », faites apparaître un trait de votre caractère.

Activité numérique

➜ Pratiquer le compte rendu

Par groupes de quatre, choisissez chacun trois événements marquants de votre vie et placez-les sur une frise. En regroupant les événements du groupe, vous aurez douze dates sur la frise. Allez sur le site https://www.timetoast.com. Saisissez le nom d'utilisateur et le code que vous aura donnés votre professeur. Choisissez le fichier portant votre nom et ajoutez les dates et les événements → « add event ». Puis chaque groupe, à tour de rôle, présente sa frise à la classe.

Lecture d'image

➜ Lire et comprendre un portrait en peinture

1) Quelle est la position de George Sand sur le tableau ? Est-ce une façon habituelle de faire un portrait ?

2) Quels aspects de la personnalité et des caractéristiques physiques évoqués dans le texte retrouve-t-on dans ce tableau ?

Eugène Delacroix, *George Sand*, 1838.

GROUPEMENT DE TEXTES

Michel Leiris (1901-1990)

Michel Leiris a travaillé au musée de l'Homme avant de devenir écrivain. Il est l'auteur du récit autobiographique *L'Âge d'homme*, de poèmes et de nombreux essais.

Texte 2 Un autoportrait confession

Ce texte est extrait de L'Âge d'homme*, autobiographie que Michel Leiris rédige à la moitié de sa vie.*

Je viens d'avoir trente-quatre ans, la moitié de la vie. Au physique, je suis de taille moyenne, plutôt petit. J'ai des cheveux châtains coupés court afin d'éviter qu'ils ondulent, par crainte aussi que ne se développe une calvitie menaçante. Autant que je puisse en juger, les traits caractéristiques de ma physionomie sont : une nuque très droite, tombant verticalement comme une muraille ou une falaise, marque classique (si l'on en croit les astrologues) des personnes nées sous le signe du Taureau ; un front développé, plutôt bossu, aux veines exagérément noueuses et saillantes. […] Mes yeux sont bruns, avec le bord des paupières habituellement enflammé ; mon teint est coloré ; j'ai honte d'une fâcheuse tendance aux rougeurs et à la peau luisante. Mes mains sont maigres, assez velues, avec des veines très dessinées ; mes deux majeurs, incurvés vers le bout, doivent dénoter quelque chose d'assez faible ou d'assez fuyant dans mon caractère. Ma tête est plutôt grosse pour mon corps ; j'ai les jambes un peu courtes par rapport à mon torse, les épaules trop étroites relativement aux hanches. Je marche le haut du corps incliné en avant ; j'ai tendance, lorsque je suis assis, à me tenir le dos voûté ; ma poitrine n'est pas très large et je n'ai guère de muscles. J'aime à me vêtir avec le maximum d'élégance ; pourtant, à cause des défauts que je viens de relever dans ma structure et de mes moyens qui, sans que je puisse me dire pauvre, sont plutôt limités, je me juge d'ordinaire profondément inélégant ; j'ai horreur de me voir à l'improviste dans une glace car, faute de m'y être préparé, je me trouve à chaque fois d'une laideur humiliante.

Michel Leiris, *L'Âge d'homme*, 1939.

À retenir

Quel est le rôle du subjonctif ?

Michel Leiris emploie le présent de l'indicatif, qui donne le sentiment qu'il énonce une vérité qui n'est pas discutable. Cependant il utilise aussi des subjonctifs comme dans « autant que je **puisse** en juger » (l. 4). Le mode subjonctif indique un doute et montre que cette image n'est que le point de vue de l'auteur.

JE DÉCOUVRE LE TEXTE

1 Questions pour lire et comprendre

1. Quelle phrase donne l'impression que Michel Leiris s'observe avec objectivité ?

2. Relevez le vocabulaire péjoratif (c'est-à-dire négatif). Qu'est-ce que cela montre du regard que l'auteur porte sur lui-même ?

3. Relevez trois expressions qui donnent à Michel Leiris un aspect monstrueux.

4. Quelles émotions l'auteur peut-il inspirer au lecteur en se montrant ainsi ?

2 Je fais le bilan

5. D'après le texte et la photo page suivante, Michel Leiris se montre-t-il tel qu'il est ? Rédigez un paragraphe argumenté en vous aidant des questions sur le texte et sur l'image.

JE M'ENTRAÎNE

Langue

➜ Maîtriser le verbe et son orthographe

• Dictez ces mots à votre voisin et corrigez-le s'il a fait des erreurs : « enflammé », « habituellement », « développé ».

• Votre voisin vous dictera ensuite les mots ci-dessous et corrigera vos erreurs : « exagérément », « dessiné », « horreur ».

Écriture

➜ Réécrire un texte

Réécrivez les trois dernières lignes du texte en transformant les commentaires négatifs en remarques positives : « Je me juge d'ordinaire remarquablement élégant : … ». Puis poursuivez ce portrait en ajoutant des précisions élogieuses sur le physique et la personnalité de ce personnage.

Activité numérique

➜ Pratiquer des écrits diversifiés sous une forme numérique

Cherchez sur Internet une biographie de Michel Leiris. En tenant compte des informations sur sa vie et de l'autoportrait que vous venez de lire, créez la page Facebook de l'écrivain.

Oral

➜ Utiliser les ressources expressives de la parole

• Relevez sur une feuille les noms, les adjectifs qualificatifs et les adverbes qui rendent compte de la « laideur humiliante » de Michel Leiris.

• Préparez une lecture à voix haute du texte dans laquelle vous mettrez ces mots en valeur.

Lecture d'image

➜ Lire et comprendre un portrait photographique

1) Quelles caractéristiques physiques de Michel Leiris décrites dans le texte retrouve-t-on sur la photographie ?

2) Cette photographie correspond-elle au portrait que Michel Leiris fait de lui-même ?

Photographie de Michel Leiris.

Georges Perec (1936-1982)

Georges Perec est un écrivain français, auteur de romans et d'un récit autobiographique, *W ou le Souvenir d'enfance*. Son père meurt au combat en 1940 et sa mère ne reviendra pas du camp d'Auschwitz où elle est déportée en 1943.

Texte 3 Une photo pour un autoportrait

« Je n'ai pas de souvenir d'enfance. Jusqu'à ma douzième année à peu près, mon histoire tient en quelques lignes : j'ai perdu mon père à quatre ans, ma mère à six. » C'est par cette phrase que commence W ou le Souvenir d'enfance, *le récit autobiographique par lequel Georges Perec, grâce à l'écriture, tente de reconstruire son enfance brisée.*

La première a été faite par Photofeder, 47, boulevard de Belleville, Paris, 11e. Je pense qu'elle date de 1938. Elle nous montre, ma mère et moi, en gros plan. La mère et l'enfant donnent l'image d'un bonheur que les ombres du photographe exaltent. Je suis dans les bras de ma mère. Nos tempes se touchent. Ma mère a des cheveux sombres gonflés par-devant et retombant en boucles sur sa nuque. Elle porte un corsage imprimé à motifs floraux, peut-être fermé par un clip. Ses yeux sont plus sombres que les miens et d'une forme légèrement plus allongée. Ses sourcils sont très fins et bien dessinés. Le visage est ovale, les joues bien marquées. Ma mère sourit en découvrant ses dents, sourire un peu niais qui ne lui est pas habituel, mais qui répond sans doute à la demande du photographe. J'ai des cheveux blonds avec un très joli cran sur le front (de tous les souvenirs qui me manquent, celui-là est peut-être celui que j'aimerais le plus fortement avoir : ma mère me coiffant, me faisant cette ondulation savante). Je porte une veste (ou une brassière, ou un manteau) de couleur claire, fermée jusqu'au cou, avec un petit col surpiqué. J'ai de grandes oreilles, des joues rebondies, un petit menton, un sourire et un regard de biais déjà très reconnaissables.

Georges Perec, *W ou le Souvenir d'enfance*, 1975.

JE DÉCOUVRE LE TEXTE

1 Questions pour lire et comprendre

1. Sur quel support Georges Perec s'appuie-t-il pour faire son autoportrait ?

2. Lisez la biographie de l'auteur et le paragraphe qui introduit le texte puis expliquez l'importance particulière que cette photographie représente pour lui.

3. Quel est le temps employé majoritairement dans le texte ? D'après vous, pourquoi Georges Perec rédige-t-il ainsi son autobiographie ?

4. Sur quels éléments réalistes de la photographie l'auteur attire-t-il l'attention ?

2 Je fais le bilan

5. Pour quelles raisons Georges Perec éprouve-t-il le besoin d'écrire son autobiographie ? Rédigez un paragraphe argumenté en vous aidant de vos réponses aux questions précédentes.

À retenir

Qu'est-ce que le point de vue externe ?

Le narrateur semble décrire de manière extérieure, comme s'il ne connaissait pas les gens sur la photographie. D'ailleurs, ligne 3, il dit « la » mère, et non « ma » mère. Ici, ce point de vue est justifié par le fait que Perec dit ne pas avoir de souvenirs de cette époque.

JE M'ENTRAÎNE

Langue

➜ Maîtriser le verbe et son orthographe

Réécrivez ce passage à l'imparfait de l'indicatif puis au conditionnel présent.

« Elle nous montre, ma mère et moi, en gros plan. La mère et l'enfant donnent l'image d'un bonheur que les ombres du photographe exaltent. Je suis dans les bras de ma mère. Nos tempes se touchent. Ma mère a des cheveux sombres gonflés par-devant et retombant en boucles sur sa nuque. »

Écriture

➜ Imiter l'écriture d'un texte

Choisissez une photo de vous en compagnie d'une autre personne. Vous pouvez vous servir d'un selfie. Écrivez un texte à la façon de Georges Perec dans lequel vous ne décrirez que ce que l'on voit dans le cadre de l'image.

Activité numérique

➜ Lire des images et des documents numériques

- Cherchez sur Internet un portrait de chacun des quatre écrivains (p. 16, 18, 20 et 22) et des quatre peintres (p. 24 et 25) présentés dans le chapitre. Placez-les sur une frise chronologique.
- Sous chacun des noms, notez les dates de naissance et de mort. Sous les écrivains, recopiez une phrase qui vous plaît, extraite de leur récit autobiographique.
- Pour l'auteure de bande dessinée et les peintres, copiez-collez le titre d'une de leurs œuvres autobiographiques (celle du manuel ou une autre trouvée sur Internet).

Oral

➜ Raconter des histoires

Avec votre voisin faites une liste de vos meilleurs souvenirs d'enfance.

Lecture d'image

➜ Lire et comprendre un portrait original

1) Comment ce portrait de Georges Perec a-t-il été réalisé ?

2) Quelle phrase de l'autoportrait trouve un écho dans ce portrait ?

Georges Perec.

GROUPEMENT DE TEXTES

Marjane Satrapi
(née en 1969)

Marjane Satrapi est auteure de bandes dessinées (scénariste et dessinatrice). Elle est connue pour *Persepolis*, son œuvre majeure qui retrace son enfance et son adolescence en Iran, et *Poulet aux prunes*.

À retenir

Qu'est-ce que l'autodérision ?

En grec, *auto* signifie soi-même. C'est donc le fait de se moquer de soi-même et de ses défauts. Ce type d'humour permet souvent de dédramatiser des situations tendues.

Texte 4 L'autoportrait dessiné

Marjane Satrapi aborde, dans cette planche, les changements physiques qui l'ont affectée entre quinze et seize ans.

Marjane Satrapi, *Persepolis*, volume 3, 2002.

JE DÉCOUVRE LE TEXTE

1 Questions pour lire et comprendre

1. Décrivez les étapes de la transformation de Marjane Satrapi.

2. Quels sentiments son visage exprime-t-il ?

3. Quel super-héros reconnaît-on dans la première vignette ?

4. Trouvez-vous cette bande dessinée comique ? Pourquoi ?

2 Je fais le bilan

5. Le regard que porte Marjane Satrapi sur son passé est-il aussi grave que dans les autres textes du chapitre que vous avez lus ? Rédigez un paragraphe argumenté en vous aidant de vos réponses aux questions précédentes.

JE M'ENTRAÎNE

Langue

→ **Maîtriser le verbe et son orthographe**

- Relevez les verbes au passé simple.
- Conjuguez les verbes « changer » et « grandir » à toutes les personnes au passé simple.

Écriture

→ **Produire un texte pour défendre un point de vue**

« Bref, j'étais dans une période de laideur sans cesse renouvelée. »

Vous ne partagez pas cette vision de l'adolescence. Rédigez un autoportrait physique qui donnera au contraire une vision positive des changements de l'adolescence.

Activité numérique

→ **Formuler un jugement de goût**

Reprenez les autoportraits physiques que vous avez réalisés dans l'exercice d'écriture. Élisez les cinq meilleurs dans la classe, corrigez-les, saisissez-les sur ordinateur et mettez-les sur le blog de votre classe.

Oral

→ **Formuler une impression de lecteur**

Marjane Satrapi choisit de donner comme titre à cette planche « Le légume ». Avec votre voisin, cherchez les raisons de ce choix puis proposez trois autres titres.

Lecture d'image

→ **Lire et comprendre un autoportrait en BD**

1) Que mettent en avant les commentaires sur le dessin ? Ces commentaires correspondent-ils au dessin ?

2) « J'avais deux ans, j'étais un homme parfait. » Pourquoi cette affirmation est-elle drôle ?

3) Quels points communs peut-on trouver entre l'autoportrait de Marjane Satrapi et celui de Riad Sattouf ?

Riad Sattouf, *L'Arabe du futur*, 2015.

L'autoportrait en peinture

L'autoportrait est une représentation picturale de soi-même : le peintre ou le dessinateur se donne à voir. Connu dès l'Antiquité, ce type de tableaux s'est imposé très progressivement.

Des représentations masquées de l'artiste

Avant la Renaissance, les peintres ne sont pas reconnus individuellement comme des artistes à part entière. Ils se représentent donc peu. À la Renaissance, la pratique de l'autoportrait se développe, notamment grâce à l'amélioration de la qualité des miroirs. Le plus souvent, le peintre se représente alors grâce au reflet du miroir.

QUESTIONS

1. Où l'artiste apparaît-il dans le tableau ?

2. Se représente-t-il directement ?

3. Cherchez dans le dictionnaire ce qu'est une vanité en peinture. Pourquoi ce tableau est-il une vanité ?

Vincent Laurensz Van Der Vinne, *Portrait de l'artiste dans un reflet de boule de cristal, Vanité*. XVIIe siècle.

Rembrandt van Rhijn, *Autoportrait au béret de velours*, 1634.

Le cas Rembrandt : l'autoportrait d'une vie

De façon systématique, Rembrandt, à travers des dessins, des gravures et des tableaux, se représente : le jeune peintre de ses débuts, le peintre reconnu, jusqu'au vieillard plein de simplicité.

QUESTIONS

1. Comment le peintre se représente-t-il ? Quelle image donne-t-il de lui-même ?

2. Cherchez d'autres autoportraits de Rembrandt sur Internet. Choisissez-en un qui montre le peintre à ses débuts et un où il est à la fin de sa vie. Notez les différences et décrivez les émotions qu'on peut lire sur les différents visages.

Louise Vigée Lebrun, *autoportrait*.

L'autoportrait : une mise en scène du peintre

À partir du XVIe siècle, les portraits d'artistes en buste ou en pied apparaissent. L'autoportrait montre l'évolution du statut social de l'artiste. Le peintre s'élève au même rang que les puissants et cesse d'être considéré comme un artisan. Au XVIIIe siècle, quelques femmes exercent le métier de peintre. Se représenter est une façon pour elles de s'affirmer les égales des hommes.

QUESTIONS

1. À quoi voit-on que l'artiste a voulu mettre son métier en évidence ?

2. Quelles parties du corps du peintre sont les plus éclairées ?

3. À quel stade en est le tableau qu'elle peint ?

Joan Miró, *Autoportrait*, 1937-1938.

L'autoportrait : une interprétation de soi

À partir du XXe siècle, la peinture se libère d'une représentation fidèle de la réalité. L'autoportrait aussi. En se représentant, certains peintres cherchent à exposer leurs doutes, leurs questionnements, leurs angoisses et à mettre à jour ce qui fait la fragilité de l'homme.

QUESTIONS

1. Comment comprend-on que ce tableau est un autoportrait ?

2. Que soulignent les couleurs dans ce tableau ?

3. Comment comprenez-vous ce tableau ? Comment le peintre se voit-il ?

Oral

De l'autoportrait au selfie.
Que pensez-vous du plaisir que l'on prend à se photographier ? Expliquez ce qui, d'après vous, justifie cette mode.

Activité numérique

Cherchez sur Internet un autoportrait d'Andy Warhol. Copiez-le dans un document word. Inscrivez la date à laquelle il a été réalisé. Expliquez dans un paragraphe de cinq à dix lignes ce que vous pensez de cette œuvre.

Des mots pour écrire un texte autobiographique

OBJECTIF

Après avoir revu les éléments de lexique, vous rédigerez différents types d'autobiographies.

1 J'emploie correctement les verbes pour évoquer des souvenirs

1. Trouvez les verbes de la famille de « mémoire » correspondant aux définitions suivantes :

a. se remettre en mémoire quelque chose.
b. marquer par une cérémonie le souvenir de quelque chose.
c. apprendre par cœur.

2. Dans *Je me souviens*, Georges Perec égrène des souvenirs personnels, qui dépeignent son époque et les numérote. Par exemple :

> 38. Je me souviens d'être tombé sur la tête dans la cour de récréation sans savoir comment.
>
> 420. Je me souviens que je rêvais d'arriver au « Meccano » n° 6.
>
> 423. Je me souviens des publicités phosphorescentes pendant l'entracte au cinéma Royal-Passy.

3. Écrivez trois souvenirs de cette sorte, en employant ces trois constructions possibles du verbe « se souvenir ».

> **→ GRAMMAIRE**
>
> **Attention !** → Je me rappelle quelque chose.
> Je me souviens de quelque chose.

2 Je trouve des mots pour parler de mes émotions

4. Associez les émotions (liste A) à leurs manifestations physiques (liste B). Plusieurs réponses sont possibles.

Liste A : *peur, angoisse, honte, chagrin, appréhension, surprise, timidité, joie, impatience, gêne, plaisir.*

Liste B : *avoir le cœur battant, les joues en feu, les mains moites, la gorge serrée, les jambes en coton, les yeux brillants, être parcouru d'un frisson, baisser les yeux.*

3 J'apprends des mots pour préciser des sensations

5. Lisez ces noms qui évoquent des sensations et identifiez le ou les sens auxquels ils se réfèrent : vue, toucher, ouïe, goût, odorat.

vue	
toucher	
ouïe	
goût	
odorat	

Liste : *parfum, amertume, fumet, pression, murmure, saveur, aperçu, effluve, caresse, éblouissement, heurt, délice, relents, éclat, clameur, effleurement, aspérité, cacophonie.*

4 Je choisis des mots pour écrire un portrait

6. Pour chaque adjectif de la liste, dites s'il peut qualifier un élément physique, le caractère moral ou un comportement. Plusieurs réponses sont possibles.

Liste : *rude, décontracté, acerbe, aimable, étroit, épais, blême, pétillant, habile, voyant, moqueur, clairvoyant, fuyant, violacé, soyeux, souple, élancé, allongé.*

Physique	Caractère	Comportement

7. Voici des termes utiles pour décrire le caractère d'une personne. Trouvez un antonyme (contraire) pour chacun d'eux appartenant à la même classe grammaticale.

Adjectif	Antonyme
silencieux	
vantard	
rebelle	
secret	
inquiet	
dynamique	

Nom	Antonyme
générosité	
pondération	
maturité	
gaité	
timidité	

→ **ORTHOGRAPHE**
Mémorisez l'orthographe de ces mots.

Écriture

Écrivez un texte autobiographique

Choisissez deux sujets parmi les suivants. Puis rédigez la conclusion demandée.

→ **Sujet 1.** Faites votre autoportrait à la première personne.

→ **Sujet 2.** Rédigez votre autoportrait, mais à la troisième personne.

→ **Sujet 3.** Choisissez un objet (vêtement, jouet, livre, …) que vous aimez particulièrement. Dites ce qui vous plaît en lui, les souvenirs qu'il évoque, comment vous l'avez acquis, les sensations et les émotions qu'il fait naître en vous.

→ **Sujet 4.** Égrenez une quinzaine de souvenirs. Faites varier la façon de les introduire.

→ **Conclusion.** Dites quelle façon de parler de soi vous préférez. Justifiez votre propos.

Rendre compte à l'oral d'un film biographique

OBJECTIF

Dans cet atelier, vous allez apprendre à présenter un film biographique et donner votre point de vue de spectateur.

ÉTAPE 1 Choisir le film et se documenter

- Choisissez un film parmi ceux proposés et visionnez-le.
- Raconte-t-il la vie d'une personne réelle ?
  S'agit-il d'une autobiographie ou d'un biopic (contraction de *biographical motion pictures*) ?
- Qui est le réalisateur ? Quels sont ses autres films ?

ÉTAPE 2 Préparer le résumé et donner son point de vue

- Répondez aux questions : où ? quand ?
- Présentez le personnage central : qui ? quel âge ?
- Avez-vous été intéressé par la vie de ce personnage ? Pourquoi ?

ÉTAPE 3 Préparer le compte rendu oral

- Privilégiez une présentation dynamique, évitez de lire vos notes.
- Rendez votre présentation attractive en montrant un court passage du film.

ÉTAPE 4 Débattre autour du film

- Vous pouvez finir en posant deux questions à vos camarades :

→ Pour aimer un film, faut-il pouvoir s'identifier à ses personnages ?
→ Quel intérêt pouvons-nous trouver à un film qui raconte une vie ?

Sorti en 2007, *La Môme* est un passionnant voyage à travers la vie d'une femme devenue un mythe.

Sorti en 2013, ce film est une émouvante épopée portée par l'interprétation magnifique d'Idris Elba.

SOCLE Compétences
- → Pratiquer le compte rendu.
- → Raconter une histoire.
- → Lire et comprendre un film.
- → Présenter une œuvre à l'oral.

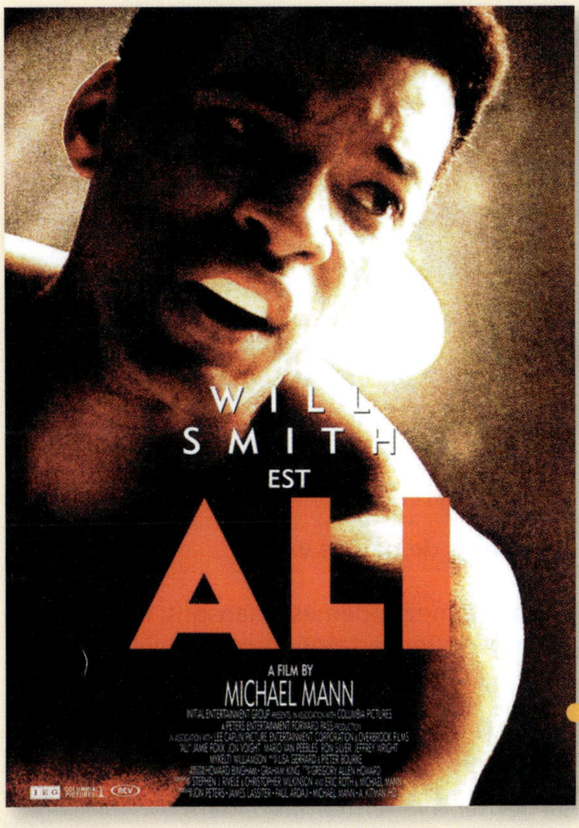

Sorti en 2002, *Ali* est un film optimiste. Il met en scène la puissance d'un géant qui parvient à triompher de ses démons.

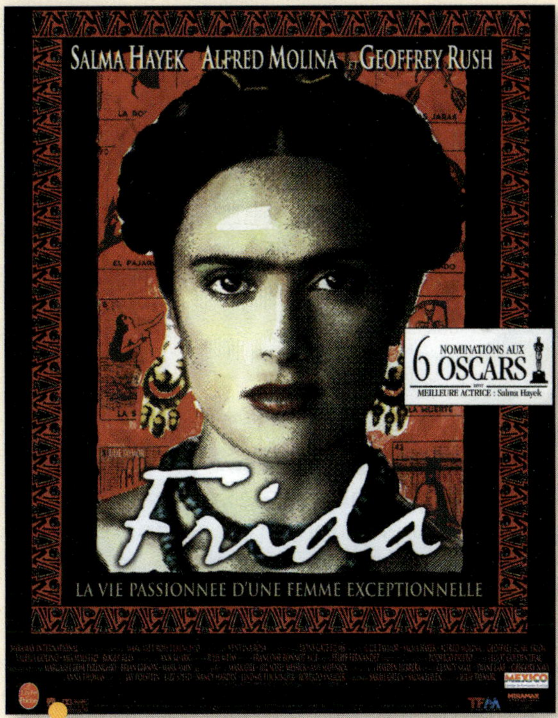

Sorti en 2002, *Frida* est un portrait coloré et passionné d'une artiste à part.

PROJET

Présentez votre biopic préféré à vos camarades

Constituez des groupes avec des élèves qui ont vu le même film.
- Préparez ensemble votre présentation de l'œuvre en reprenant les conseils donnés aux différentes étapes.
- Présentez ensuite, individuellement, au sein du groupe, le film choisi.

Vos camarades vous diront comment gagner en clarté, et mieux capter l'attention de l'auditoire. Ils pourront utiliser cette grille d'évaluation pour vous aider à repérer les points forts et les points faibles de votre présentation.

Arbitre	Oui	À améliorer	Conseils éventuels
La présentation orale est dynamique, les notes ne sont pas lues.	☐	☐	
Le résumé du film est clair, toutes les informations nécessaires sont présentes.	☐	☐	
Le jugement porté sur le film est bien argumenté.	☐	☐	
La présentation est attractive.	☐	☐	

Se présenter en textes et en images

ATELIER D'EXPRESSION ÉCRITE

OBJECTIF

Vous allez vous présenter.
Votre présentation devra contenir du texte et de l'image, et vous pourrez aussi intégrer des vidéos.

ÉTAPE 1 Choisir un angle

Choisissez une des options suivantes.
a. Votre présentation est une autobiographie : elle contient un retour en arrière et retrace des éléments de votre enfance.
b. Votre présentation est un autoportrait : vous vous représentez tel(le) que vous vous voyez aujourd'hui.

ÉTAPE 2 Sélectionner des documents variés

Pour animer votre présentation, il faut réunir des documents de nature variée qui illustrent divers aspects de votre personnalité.

- Des photographies
- Des dessins
- Des images
- Des citations, des textes que vous aimez (poèmes, chansons, histoires)
- Des cartes géographiques pour évoquer certains lieux
- Des cartes postales

ÉTAPE 3 Écrire des textes

Dans votre présentation, vous allez rédiger différents types de texte.
Il vous faudra écrire des textes informatifs, mais aussi penser à légender (lieu, date, commentaires éventuels) vos images, faire le portrait des gens qui vous entourent.

PROJET

Composez votre présentation

- Créez un cheminement entre les différents documents que vous avez réunis et rédigés. Vous construisez ainsi une sorte de récit qui permet de vous raconter.
- Intégrez vos documents sur une feuille *Prezi*. Cette application web se présente comme une sorte de tableau blanc sur lequel on dépose des objets, qu'on relie ensuite pour créer un diaporama.
- Votre présentation sera évaluée suivant les critères ci-dessous.

	Oui	Peut être amélioré	Conseils
Le portrait est complet, cohérent.	☐	☐	
Les images sont choisies avec soin.	☐	☐	
Les textes sont suffisamment développés.	☐	☐	
Les documents sont de natures diverses.	☐	☐	
La présentation est réussie.	☐	☐	

L'essentiel sur l'autobiographie

Je retiens

- Une autobiographie est un témoignage sur une époque donnée.
- En raison du pacte qui le lie à son lecteur, l'écrivain s'engage à dire la vérité. Cependant, il se décrit tel qu'il se voit et pas nécessairement tel qu'il est. Il peut se caricaturer ou au contraire se doter de nombreuses qualités.
- L'autobiographie peut être un moyen pour faire ressurgir l'enfance, pour reconstituer, comme Georges Perec, le puzzle de son histoire.
- L'autobiographie a souvent la forme d'un récit. Elle peut prendre d'autres formes, comme la bande dessinée de Marjane Satrapi.
- L'image témoigne aussi de la vie de l'artiste. C'est le cas de la photographie qui fige l'instant, et de l'autoportrait où le peintre se représente à la fois comme un homme et comme un artiste.

Je valide mes compétences

Questions autour des textes

- « L'autobiographie, c'est ... » Rédigez quatre phrases proposant des éléments de définitions.
- Quelle période de leur vie les écrivains racontent-ils le plus ?
- En quoi l'autobiographie est-elle un témoignage sur une époque ?
- Lequel des textes autobiographiques vous a le plus touché ? Pourquoi ?

Questions autour de la peinture

- À la Renaissance, comment les peintres se représentent-ils ?
- Quelle est la particularité des autoportraits de Rembrandt ?
- Que pensez-vous de la manière dont Miró se représente ?
- L'autoportrait est-il toujours une représentation fidèle de la réalité ?

J'évalue mes compétences

	Maîtrise insuffisante	Maîtrise fragile	Maîtrise satisfaisante	Très bonne maîtrise
Je sais lire et interpréter les textes autobiographiques.	☐	☐	☐	☐
Je sais adapter les procédures d'écriture efficaces.	☐	☐	☐	☐
Je sais prendre en compte le point de vue du narrateur.	☐	☐	☐	☐
Je maîtrise le lien entre le temps du verbe et le sens.	☐	☐	☐	☐

PROJET FINAL

Qui sommes-nous ?

OBJECTIF

Dans cet atelier, vous allez réaliser un autoportrait de groupe. Découvrez trois façons de réaliser des autoportraits, en jouant avec les mots. Vous travaillerez par groupes de quatre.

TEXTE 1

Le personnage principal compose la devinette suivante à propos de son ami.

Si c'était un arbre, ce serait un palmier à cause des poils fauves qui en couvrent le tronc.

Si c'était un oiseau, ce serait le corbeau du Pacifique à cause de son cri rauque et aboyant,

Si c'était une partie de mon corps, ce serait ma main gauche à cause de la fidélité avec laquelle elle aide ma main droite.

Si c'était un poisson, ce serait le brochet chilien à cause de ses dents aiguisées.

Si c'était un fruit, ce serait deux noisettes, à cause de ses petits yeux bruns.

Michel Tournier, *Vendredi ou la vie sauvage*, 1971.

ACTIVITÉ 1

Composez votre autoportrait chinois en commençant cinq phrases par « Si j'étais... », à la façon de Michel Tournier (texte 1).

TEXTE 2

Roland Barthes fait de lui-même un autoportrait ludique.

J'aime : la salade, la cannelle, le fromage, les piments, la pâte d'amandes, l'odeur du foin coupé (j'aimerais qu'un « nez » fabriquât un tel parfum), les roses, les pivoines, la lavande, le champagne, des positions légères en politique, Glenn Gould, la bière excessivement glacée, les oreillers plats, [...].

Je n'aime pas : les loulous blancs, les femmes en pantalon, les géraniums, les fraises, le clavecin, Miró, les tautologies, les dessins animés, Arthur Rubinstein, les villas, les après-midi, Satie, Bartok, Vivaldi, téléphoner [...]

Roland Barthes, *Roland Barthes par Roland Barthes*, 1975.

ACTIVITÉ 2

Écrivez 6 phrases commencées par « j'aime » ou « je n'aime pas », à la façon de Roland Barthes (texte 2).

TEXTE 3

Georges Perec numérote des souvenirs personnels.

2. Je me souviens que mon oncle avait une 11CV immatriculée 7070 RL2.

87. Je me souviens que Caravan, de Duke Ellington, était une rareté discographique et que, pendant des années, j'en connus l'existence sans l'avoir jamais entendu.

101. Je me souviens des mousquetaires du tennis.

Georges Perec, *Je me souviens*, 1978.

ACTIVITÉ 3

- Écrivez vos souvenirs en écrivant 5 phrases qui commencent par « je me souviens » à la façon de Georges Perec (texte 3).

PROJET

Qui sommes-nous ?

- Réalisez votre autoportrait en choisissant l'une des trois méthodes proposées.
- Regroupez les autoportraits.
- Illustrez-les avec des selfies.
- N'oubliez pas de signer.

Vivre en société, participer à la société

2 Dénoncer les travers de la société

SOMMAIRE

Compétences

Oral
- Participer à un débat, exprimer une opinion argumentée
- Exprimer un avis personnel, faire partager son point de vue

Écriture
- Adopter des stratégies d'écriture efficaces
- Passer du recours intuitif à l'argumentation à un usage plus maitrisé

Lecture et compréhension de l'écrit
- Reconnaître les implicites d'un texte
- Lire des images et des textes non littéraires

Langue
- Repérer et interpréter les marques de modalisation
- Maîtriser la structure et le sens du mot

PROJET

À la fin de ce chapitre, vous écrirez un poème ou une chanson satirique.

Pour préparer ce projet, vous devrez :

- retenir les caractéristiques des textes et dessins satiriques (p. 36)
- découvrir différents textes sur le pouvoir de la satire (p. 38 à p. 42)
- préparer un débat (p. 48)
- écrire une critique de film (p. 50)

Dessin de l'illustratrice Miss Lilou.

Textes et dessins satiriques

Voici la fin d'une courte nouvelle de Didier Daeninckx. Martine a offert à son mari Régis, passionné de football, un abonnement à Gold-Sport pour son anniversaire. Elle a voulu lui faire plaisir mais nourrit aussi l'espoir de le garder près d'elle les week-ends.

Un an plus tard, c'est lui qui lui fit un cadeau : la première parabole fut rejointe par sa sœur presque jumelle afin de détecter les signaux d'autres satellites évoluant plus à l'est ou plus à l'ouest. Au lieu de suivre les péripéties d'un match P.S.G.-Auxerre sur le plastique froid des fauteuils du Parc, Régis pouvait assister, confortablement installé sur son canapé, en direct aux matches de championnat d'Indonésie, de Colombie, de Chine, se tenir au courant, heure par heure, du goal-average, de la troisième division camerounaise, vibrer aux tirs au but d'une finale amateur disputée au fin fond de la Finlande. Le budget consacré aux abonnements atteignait maintenant celui du loyer. Le quatrième décodeur, une merveille permettant de compresser les images, de les stocker sur vidéodisques tout en regardant un autre programme, arriva dans le salon débordant d'électronique pour le deuxième anniversaire de l'abonnement à Gold-Sport. Martine fit une ultime tentative pour renouer le dialogue avec Régis en lui apportant son habituel plateau-repas. Il lui fit signe de se taire, de la main, absorbé par le ralenti séquentiel qu'il venait de programmer sur une antique lucarne de Platini dans un but italien. Elle traversa le jardin, sortit l'échelle double du garage pour aller l'appuyer contre l'arrière du pavillon. Parvenue sur le toit, elle vint se placer à genoux entre les deux paraboles dans lesquelles, pour qu'il l'entende enfin, elle se mit à hurler son désespoir.

Didier Daeninckx, « Solitude numérique » in *Passages d'enfer*, 1998.

L'ironie
L'ironie est l'arme du satiriste. Il semble sérieux mais se moque en réalité de la passion de Régis, qui s'attache à la moindre des actions des footballers.

La caricature
La satire repose sur la caricature. Des hyperboles mettent l'accent sur le phénomène dont on veut se moquer.

La dérision
Dans cette scène la moquerie devient cruelle. L'auteur se moque méchamment tant de l'obsession de Régis que de la soumission de sa femme.

QUESTIONS

1. Quelle est, à votre avis, l'opinion de l'auteur sur les centres d'intérêt de Régis ?

2. Quel fait de société est critiqué dans ce texte ?

3. En quoi le dessin illustre-t-il bien l'histoire de Régis ?

4. En quoi peut-on dire que ce texte et cette image contiennent de l'humour ? Vous expliquerez ensuite que c'est de l'humour noir.

Dessin de Phil Umbdenstock, 2005.

Connaissances

L'essentiel sur le registre satirique

La satire est un genre très ancien, qui vient de l'Antiquité. Dans un texte satirique, on cherche à se moquer d'une personne, d'un groupe, ou des coutumes d'un peuple ou d'un pays. On trouve des œuvres satiriques à toutes les époques, aussi bien dans la poésie que le théâtre ou les récits, et en particulier dans la nouvelle.

➜ L'IRONIE

L'ironie est une manière détournée de s'exprimer, souvent en disant le contraire de ce qu'on veut signifier. L'ironie permet de ridiculiser ce dont on parle.

➜ LA CARICATURE

La satire repose sur la caricature afin de rendre les défauts plus visibles.
Le grossissement souvent humoristique permet aussi de fixer l'attention du lecteur sur le texte ou le dessin.

➜ LA DÉRISION

La dérision est une forme de moquerie méchante, un peu méprisante.

➜ LA LIBERTÉ DE BLÂMER

La satire a pour objet de faire réagir par l'humour et la moquerie. L'objectif est souvent de faire réfléchir, mais la satire peut être prise pour une simple provocation.
La liberté d'expression inclut le droit à la satire, y compris lorsqu'elle contient des éléments choquants ou blessants, du moment qu'elle ne porte pas atteinte à la vie privée.

Le pouvoir de la satire

Texte 1 Une chanson satirique

Boris Vian chante « La Complainte du progrès » en 1955.
Il se moque du mode de vie de l'après-guerre et en particulier de la frénésie de consommation.
Voici les deux premiers couplets de la chanson.

Boris Vian (1920-1959)

Boris Vian, poète et romancier français, parolier, chanteur et trompettiste de jazz, a multiplié les types d'écrits (poésie, chroniques, nouvelles, pièces de théâtre, scénarios). Il est l'auteur du roman *L'Écume des jours.*

La Complainte du progrès

Autrefois pour faire sa cour
On parlait d'amour
Pour mieux prouver son ardeur
On offrait son cœur
Maintenant c'est plus pareil
Ça change ça change
Pour séduire le cher ange
On lui glisse à l'oreille

Ah Gudule, viens m'embrasser, et je te donnerai…

Un frigidaire, un joli scooter, un atomixer
Et du Dunlopillo[1]
Une cuisinière, avec un four en verre
Des tas de couverts et des pelles à gâteau !
Une tourniquette pour faire la vinaigrette
Un bel aérateur pour bouffer les odeurs
Des draps qui chauffent
Un pistolet à gaufres
Un avion pour deux…
Et nous serons heureux !

Boris Vian (paroles) et Alain Goraguer (musique), « La Complainte du progrès », 1955.

1. **Dunlopillo :** marque de literie.

À retenir

Quelle est la particularité du pronom *on* ?

On est un pronom qui peut remplacer toutes les personnes : il signifie *nous* dans « on va à la plage » ou *tu* dans « alors, on fait la forte tête ? ». Il est employé pour généraliser, ou pour ne pas citer les gens dont il est question.

JE DÉCOUVRE LE TEXTE

1 Questions pour lire et comprendre

1. Que désigne « on » dans la première strophe ?

2. Gudule est-elle une personne en particulier ?

3. Observez l'énumération d'objets dans les vers 10 à 18 : de quels types d'objets s'agit-il ? Quelle est leur utilité ?

4. Une complainte est une chanson populaire qui raconte des malheurs. Dans quelle mesure cette chanson évoque-t-elle le malheur ?

5. Qu'est ce qui peut vous faire rire ou sourire dans cette chanson ?

2 Je fais le bilan

6. De quoi se moque Boris Vian dans cette chanson ? Rédigez un paragraphe argumenté en vous aidant de vos réponses précédentes.

JE M'ENTRAÎNE

Langue

➜ Connaître les chaînes d'accords

Réécrivez le deuxième couplet (l. 10-19) en mettant tous les objets au pluriel.

Écriture

➜ Jouer avec les mots

Sur le modèle de l'« atomixer » ou du « pistolet à gaufres », inventez des noms pour désigner les objets qui font partie de notre quotidien ou des objets imaginaires. Veillez à laisser paraître votre intention critique. Réécrivez ensuite le couplet de la chanson qui commence par : « Ah, Gudule, viens m'embrasser, et je te donnerai… » en introduisant vos inventions.

Activité numérique

➜ Justifier l'interprétation d'une œuvre

Écoutez la chanson en entier sur Internet. Comment la violence cachée des rapports entre hommes et femmes est-elle suggérée dans la suite de la chanson ?

Oral

➜ Formuler une idée, un avis

« Maintenant c'est plus pareil ». Avec votre voisin, cherchez à compléter le vers 5 de la chanson en expliquant comment on séduit aujourd'hui « le cher ange » (v. 7).

Lecture d'image

➜ Lire et comprendre une image publicitaire

1) Que représente cette publicité ? De quelle époque date-t-elle ?

2) D'après cette image, quelles places occupent l'homme et la femme dans la société de cette époque ?

3) Quel lien pouvez-vous faire entre cette publicité et la chanson de Boris Vian ?

Publicité pour la marque Frigidaire, 1954.

Texte 2 Faire de l'humour en informant : la presse satirique

Journal satirique hebdomadaire, Le Canard enchaîné *s'attache à dénoncer les scandales qui surgissent dans le monde du pouvoir politique ou économique.*

Un nouveau triomphe de l'industrie allemande

Volkswagen a inventé le menteur diesel

AUTO FRICTION

[...] Depuis qu' à la suite des essais d'un obscur prof de l'université de M... l'Agence fédérale de protection de l'environnement américaine a découvert que Volkswagen équipait ses voitures diesel d'un logiciel de trucage qui, en cas de contrôle, limitait automatiquement les émissions de gaz polluants, l'affaire est devenue un moteur à explosion... en chaîne.

En Allemagne sous le choc, le premier constructeur mondial a reconnu les faits, son patron, sur un siège éjectable, a présenté des excuses officielles et mondiales [...].

Les consommateurs, même les moins écolos, ont, quant à eux, découvert à l'occasion que, même sans logiciel trompeur, les mesures réalisées par les constructeurs se font en atelier sans dépasser les 30 km/h, avec des pneus surgonflés, sans clim et avec l'alternateur[1] débranché, ce qui explique des émissions de 10 à 35 fois supérieures lorsque la voiture est dans des conditions réelles d'utilisation. Tout cela fait évidemment un peu tache[2] au moment où les constructeurs automobiles, à grands coups de *greenwashing*[3] de leur marque, nous gargarisent de voitures diesel « propres » ou de « green car », comme c'était le cas de la Volkswagen incriminée.

Juste avant l'ouverture de la COP21, grand sommet écologique, cette affaire est, pour le secteur automobile, un vrai manque de pot, fût-il catalytique[4] !

Erik E..., *Le Canard enchaîné*, 23 septembre 2015.

1. **Alternateur :** transformateur d'énergie générateur de courant alternatif.
2. **Faire tache :** constituer un défaut (expression familière).
3. ***Greenwashing* :** construction d'une image d'entreprise respectueuse de l'environnement ; littéralement : « laver vert », c'est-à-dire rendre propre et écologique, non polluant.
4. **Pot catalytique :** partie du pot d'échappement qui transforme les gaz les plus toxiques en gaz moins dangereux.

JE DÉCOUVRE LE TEXTE

1 Questions pour lire et comprendre

1. Sur quelle révélation l'article s'ouvre-t-il ? Résumez-la.

2. Relevez les deux jeux de mots présents dans les titres. De quoi ces titres se moquent-ils ?

3. Repérez dans l'article les autres jeux de mots qui relèvent du vocabulaire de l'automobile. Quel est leur rôle ?

4. Relevez les expressions qui accusent le constructeur automobile.

2 Je fais le bilan

5. Comment le journaliste dénonce-t-il les pratiques de l'entreprise Volkswagen ? Rédigez un paragraphe argumenté en vous aidant de vos réponses précédentes.

À retenir

Quelle est la fonction des jeux de mots dans la satire ?

Dans la satire, les jeux de mots permettent de faire rire aux dépens de la personne ou la société dont on veut se moquer. Ils indiquent aussi au lecteur l'intention satirique du texte.

JE M'ENTRAÎNE

Langue

➜ Mettre en réseau des mots familiers

Relevez trois ou quatre mots ou expressions qui relèvent du langage familier.

Écriture

➜ Écrire en mettant en jeu l'imagination et l'argumentation

Prenez une page de journal de votre choix et proposez, pour deux ou trois articles, un nouveau titre en jouant sur les mots, de façon à allier l'humour à l'information.

Activité numérique

➜ Lire et comprendre des textes non littéraires

Cherchez sur Internet des articles qui ont traité du scandale Volkswagen de 2015 (mots-clés pour votre recherche : « Volkswagen », « diesel », « 2015 »). Recopiez les titres de ces articles et classez-les selon qu'ils abordent le sujet avec sérieux ou avec humour.

Oral

➜ Comprendre et interpréter des messages oraux complexes

Cherchez dans l'actualité des événements qui ont inspiré des humoristes. Choisissez-en un puis présentez-le à la classe en expliquant comment l'humour a permis une prise de conscience du public.

Lecture d'image

➜ Interpréter un dessin de presse

1) Que représente l'image ?

2) Caractérisez l'humour de ce dessin satirique.

3) Quel lien faites-vous avec l'article du *Canard enchaîné* ?

Dessin de Jiho, 8 octobre 2015.

Texte 3 Un article parodique

Le Gorafi est un journal publié sur Internet. Satirique et parodique, il imite la presse traditionnelle mais en relatant des faits imaginaires. Ces faux font sourire le lecteur et disent finalement des vérités sur le monde.

Face à l'envahissement humain, les extraterrestres réaffirment leur attachement à la race verte

• Monde Libre • Publié le 29/09/2015 par La Rédaction

Réunis en sommet extraordinaire dans la galaxie d'Andromède, plusieurs millions d'extraterrestres ont tenu à réaffirmer un attachement à la race verte, face à l'envahissement croissant de la race humaine dans le système solaire depuis quelques millions d'années.

« Ils sont désormais plusieurs milliards et dans quelques siècles ils seront chez vous à vous imposer leur racisme et leur sexisme » a expliqué à la tribune un représentant extraterrestre. Une peur qui grandit avec les dernières explorations spatiales réalisées ces derniers mois sur Pluton et Mars. « Il faut agir, il faut détruire leurs fusées sur place avant que celles-ci n'envoient des satellites ou bientôt, qui sait, des réfugiés » a lancé un autre, très remonté. « Notre civilisation est de race verte et d'une minorité de petit gris. C'est très bien qu'il y ait des Terriens dans un coin de la galaxie mais il faut que cela reste une minorité » a soutenu une députée.

Certains préfèrent tempérer ces propos et soutiennent qu'il faut au contraire tendre la main aux Terriens et les aider à se développer. Un collectif a même lancé une opération destinée à sensibiliser l'opinion publique. « Nous avons des centaines de planètes habitables vides qui pourront les accueillir, il faut les aider » explique ce collectif. « C'est une espèce qui souffre de clichés insupportables, il y a une possibilité d'intégration et cette espèce n'est pas aussi stupide et retardée que certains ne l'affirment. »

Le Gorafi, 29 septembre 2015.

JE DÉCOUVRE LE TEXTE

1 Questions pour lire et comprendre

1. Montrez que cet article a l'apparence d'un article d'information.

2. En vous appuyant sur l'introduction, montrez que cet article est un faux et qu'aucun lecteur ne pourrait s'y laisser prendre.

3. À quelle situation actuelle cet article fait-il allusion ?

4. Quel point de vue les extraterrestres ont-ils sur les Terriens ? Trouvez-vous que leurs critiques sont justifiées ?

5. Qu'est-ce qui peut faire rire ou sourire dans cet article ?

2 Je fais le bilan

6. Montrez que cette histoire imaginaire dénonce un fait bien réel. Rédigez un paragraphe argumenté en vous aidant de vos réponses précédentes.

À retenir

Qu'expriment les modalisateurs ?
Les modalisateurs sont des mots ou des manières de s'exprimer qui manifestent la volonté, la crainte, le doute, l'inquiétude, l'espoir… Les verbes *falloir*, *pouvoir*, *vouloir*, *devoir* sont des verbes modalisateurs.

JE M'ENTRAÎNE

Langue

➜ Analyser le sens des mots

Remplacez les verbes qui introduisent des citations par un synonyme. N'employez pas « dire ».

Écriture

➜ Produire des textes défendant une opinion

On dit souvent que l'humour permet d'aborder sans fâcher des sujets qui fâchent. Justifiez cette affirmation en développant deux arguments appuyés sur les textes de votre choix, parmi ceux que vous avez lus dans ce groupement.

Oral

➜ S'exprimer de façon maîtrisée en s'adressant à un auditoire

« Il faut tendre la main aux Terriens et les aider à se développer. »

- Par groupes de quatre, réfléchissez à des mesures pour « tendre la main aux Terriens et les aider à se développer ».
- Préparez un discours et présentez-le à la classe.

Activité numérique

➜ Participer à des échanges oraux

Cherchez sur *Le Gorafi* un article que vous trouvez particulièrement amusant, puis lisez-le à la classe et expliquez ce qu'il dénonce.

Lecture d'image

➜ Situer des images dans leur contexte culturel

1) Comment la réalisatrice, Coline Serreau, représente-t-elle sa planète « la Belle Verte » ?

2) Comment perçoit-on la simplicité des habitants ?

3) À votre avis, que font-ils ?

La Belle Verte, film de Coline Serreau, 1996.

Le dessin satirique ou le combat pour la liberté d'expression

La caricature politique, ancêtre du dessin satirique, est née au XVIe siècle en même temps que l'imprimerie. Elle est, dès l'origine, un instrument de contestation. L'image permet aux idées qu'elle véhicule de se propager de façon rapide et efficace. C'est pourquoi elle effraie et suscite souvent la censure.

La lutte contre la censure

La censure est un droit que s'accorde le pouvoir pour contrôler les publications. Au XIXe siècle, les pouvoirs successifs l'exercent et les dessinateurs cherchent à s'en libérer. La lutte contre la censure et pour la liberté d'expression constitue un des sujets du dessin de presse. La censure s'exerce en effet prioritairement à l'encontre des publications qui touchent un large public, ce qui est le cas de la presse. Le dessin est considéré comme particulièrement redoutable du fait de son accessibilité immédiate.

QUESTIONS

1. Que montre ce dessin ? De quelles façons le journaliste est-il entravé ?

2. Qu'est-ce que chacune de ces entraves l'empêche de faire ? Faites le lien avec le métier de journaliste.

3. Que dénonce ce dessin ?

4. Lisez le titre au-dessus du dessin. En quoi est-il satirique ?

Article de Gill paru dans le journal satirique *L'Éclipse*, 1875.

→ Lire et comprendre des images.
→ Situer les images dans leur contexte culturel.
→ Interpréter des dessins de presse ou des caricatures.

Dessin de Martin Vidberg, 2008.

Défendre la liberté de la presse

Dans les pays totalitaires, la liberté d'expression est généralement limitée de manière abusive. En démocratie, cette liberté est défendue même si la loi encadre la liberté d'expression et interdit, par exemple, les propos diffamatoires ou l'incitation à la haine.

QUESTIONS

1. Que montre ce dessin ?

2. Quels sont les points communs avec le dessin précédent ?

3. Quelle image est ainsi donnée du journaliste dans un pays totalitaire ?

Dessin réalisé par Nicolas Tabary en réaction aux attentats qui ont visé le journal satirique *Charlie Hebdo*, 2016.

Des actes barbares contre la liberté d'expression

Dans les sociétés démocratiques modernes, la censure proprement dite est *a priori* exclue, mais il reste un ensemble de contraintes qui empêchent de dire certaines choses ou de parler de certains sujets, notamment par crainte de polémiques ou de représailles qui n'émanent pas du pouvoir politique mais d'autres groupes de pression. L'assassinat de dessinateurs de presse du journal *Charlie Hebdo*, le 7 janvier 2015, a montré que ces représailles pouvaient être barbares.

QUESTIONS

1. Que montre ce dessin ?

2. À quoi cet étui fait-il penser ?

3. Quelle est la signification des trois slogans ? Comment le dessinateur les relie-t-il aux événements de janvier 2015 ?

Oral

Le Web produit de nouvelles formes de censure dans des pays comme la Chine mais aussi par l'intermédiaire des réseaux sociaux comme Facebook. Faites une recherche sur ces nouvelles formes de censure et rendez-en compte oralement.

Activité numérique

Les attentats à *Charlie Hebdo* ont suscité une vaste production de dessins en faveur de la liberté d'expression. Cherchez-en quelques-uns sur Internet ; choisissez celui qui vous paraît le plus fort et expliquez, dans un paragraphe de cinq à dix lignes, sur quoi repose son efficacité.

Des mots pour dénoncer

OUTILS

OBJECTIF

Après avoir appris des mots pour exprimer votre indignation, vous deviendrez le porte-voix de Victor Hugo pour dénoncer la pauvreté.

1 J'emploie des mots pour exprimer mon désaccord

1. Reliez les verbes aux noms qu'ils peuvent introduire.
Attention, un verbe peut introduire plusieurs noms.

prononcer	•	•	une critique
formuler	•	•	un reproche
infliger	•	•	une condamnation
adresser	•	•	un avertissement
		•	un blâme

2. Trouvez l'adjectif qui correspond à chaque définition.

a. Qui ne peut être toléré : ....

b. Qui peut être critiqué : ....

c. Qui peut faire l'objet de reproches : ....

d. Qui ne peut être admis : ....

e. Qui ne peut être attaqué : ....

f. Qui mérite d'être condamné : ....

3. Quel suffixe retrouve-t-on dans chacun de ces adjectifs ? Quel est son sens ?

→ VOCABULAIRE ET ORTHOGRAPHE

Apprenez par cœur le sens et l'orthographe des mots que vous ne connaissiez pas.

2 J'apprends des mots pour qualifier les nuances d'une dénonciation

4. Complétez chaque phrase avec le bon sujet :
La satire – Le pamphlet – La caricature – La parodie

a. .... tourne en ridicule une œuvre sérieuse connue.

b. .... est un portrait qui exagère un défaut dans une intention satirique.

c. .... raconte et décrit en exagérant pour critiquer.

d. .... attaque et dénonce en ne reculant devant aucune outrance.

3 Je marque mon indignation

5. Dans les phrases suivantes, repérez et soulignez les moyens qui traduisent l'indignation.

a. Ce sont des hommes, et vous en faites des esclaves !

b. Quoi ! On laisserait ces hommes croupir dans la misère ?

c. Se lever à l'aube, peiner le jour entier, n'avoir ni trêve ni relâche, et ne pouvoir manger à sa faim : c'est une vie insupportable.

d. Non, non, une promesse ne vaut rien si elle n'est pas tenue.

6. Sur le modèle de l'exercice 5, écrivez trois phrases pour vous indigner sur un des sujets au choix :

– le gaspillage ;

– la maltraitance des animaux.

Écriture collective

Écrivez un texte pour dénoncer la pauvreté

Texte

Ah ! Messieurs ! je ne fais injure au cœur de personne, si ceux qui s'irritent à mes paroles en ce moment avaient vu ce que j'ai vu, s'ils avaient vu comme moi de malheureux enfants vêtus de guenilles mouillées qui ne sèchent pas de l'hiver, […] s'ils avaient vu les pères et les mères de ces pauvres petits êtres, qui souffrent dans eux-mêmes et dans leurs enfants, s'ils avaient vu cela comme moi, ils auraient le cœur serré comme je l'ai en ce moment, et, j'en suis sûr, loin de m'interrompre, ils me soutiendraient, et ils me crieraient : courage ! parlez pour les pauvres !

Victor Hugo, *Discours à l'Assemblée*, 1850.

Voici un texte de Victor Hugo qui dénonce la pauvreté. Transposez-le à notre époque.

→ **Étape 1.** Lisez attentivement le texte. Victor Hugo témoigne devant les députés de la misère qu'il a vue chez les ouvriers.

→ **Étape 2.** Choisissez un contexte : vous pouvez parler de la grande pauvreté en France ou dans un pays du Tiers Monde. Recherchez des chiffres et des arguments. Vous pouvez aussi vous appuyer sur une image.

→ **Étape 3.** Rédigez le texte en utilisant le vocabulaire de ces deux pages et les formes des phrases de l'exercice 5.

Jean Jules Geoffroy, *Les affamés*, 1886.

Préparer un débat

OBJECTIF

Dans cet atelier, vous allez apprendre les règles du débat, puis vous organiserez un débat.

ÉTAPE 1 Préparer le texte

Ce qui fait l'intérêt d'un débat, c'est la confrontation des idées. Il faut donc préparer le débat pour pouvoir étayer ses idées avec des arguments et des exemples.

ÉTAPE 2 Tenir un rôle

L'animateur : il prépare l'introduction, rédige quelques questions et donne la parole.

Les débatteurs : ils écrivent l'opinion qu'ils doivent défendre et cherchent par avance des arguments.

L'arbitre : il chronomètre le temps de parole et fait régner l'ordre.

ÉTAPE 3 Mener le débat

L'animateur présente le sujet. Il distribue la parole et fait régulièrement le point sur l'avancée de la discussion.

L'arbitre veille à ce que personne ne se coupe la parole.

Les débatteurs doivent avoir le temps de développer leurs arguments.

→ Participer de façon constructive à des échanges oraux.
→ Animer et arbitrer un débat.

Pendant le débat, les élèves doivent respecter celui qui parle en l'écoutant attentivement.

PROJET

Organisez un débat en classe

Documentaire ou film humoristique, lequel de ces deux genres cinématographiques est le plus efficace pour dénoncer des travers de la société ?

- Vous allez débattre sur le sujet proposé. Votre professeur forme des groupes et vous attribue un rôle : débatteur, animateur ou arbitre.
- Au terme du débat, évaluez-vous. Les grilles d'évaluation ci-dessous sont destinées à l'arbitre et aux spectateurs. Si vous êtes débatteur ou animateur, créez votre propre grille d'évaluation.

Arbitre	Acquis	En voie d'acquisition	Non acquis
Chronométrer le temps de parole.	☐	☐	☐
Être impartial.	☐	☐	☐
Faire régner l'ordre.	☐	☐	☐
Parler distinctement et poliment.	☐	☐	☐

Spectateur	Acquis	En voie d'acquisition	Non acquis
Ne pas prendre parti pendant le débat, réagir discrètement.	☐	☐	☐
Ne pas créer un second débat dans le public.	☐	☐	☐
Rester concentré, prendre des notes.	☐	☐	☐

Rédiger une critique de film

ATELIER D'EXPRESSION ÉCRITE

OBJECTIF

Dans cet atelier, vous allez rédiger une critique de film pour montrer comment le cinéma américain est un outil au service de la satire.

ÉTAPE 1 Choisir un film

- Comprendre le contexte dans lequel il a été réalisé.
- Relever la date de réalisation du film.
- Cerner son thème, l'époque dont il parle.

ÉTAPE 2 Visionner le film

- Prendre des notes pour résumer l'intrigue.
- Choisir deux extraits qui illustrent bien la dimension satirique et les raconter avec précision.

ÉTAPE 3 Comprendre l'angle choisi par le cinéaste

- Repérer le thème abordé (l'histoire des discriminations raciales dans les États du Sud, les préjugés sociaux…)
- Analyser le genre du film : comique, dramatique…

ÉTAPE 4 Rédiger la critique

- Commencer par une phrase d'accroche sur le genre du film ou sur le thème.
- Donner des informations sur l'intrigue et les personnages sans dévoiler la fin.
- Caractériser les moyens mobilisés pour effectuer une satire.
- Mettre l'accent sur un ou deux moments du film pour mettre le lecteur en appétit.

West side story, film réalisé par Robert Wise et Jerome Robbins.

La Couleur des sentiments, film réalisé par Tate Taylor, 2011.

Django Unchained, film réalisé par Quentin Tarantino, 2012.

Pretty Woman, film réalisé par Garry Marshall, 1990.

PROJET

Devenez critique de cinéma

- Rédigez la critique en vous servant de l'étape 4. Vous pouvez la poster sur le blog de la classe.
- Utilisez la grille ci-dessous pour évaluer votre critique.

	Oui	Peut être amélioré	Conseils
La critique contient suffisamment d'éléments de l'intrigue.	☐	☐	
Le genre et les informations techniques sont mentionnés.	☐	☐	
Le problème traité par le film est clairement décrit.	☐	☐	
Le texte offre un point de vue et analyse l'efficacité de la satire.	☐	☐	
La critique donne envie d'aller voir le film.	☐	☐	

L'essentiel sur la satire

Je retiens

- Les textes satiriques ont pour but de dénoncer les travers de la société : la consommation, les mensonges de certains industriels, le racisme ou le sexisme…
- La satire repose sur l'ironie : chaque texte semble sérieux, mais il faut comprendre le contraire de ce qui est dit.
- Les textes satiriques sont des textes argumentatifs.
- Le registre satirique est présent dans tous les types de textes : les articles de presse, la poésie, les romans, les contes.

Je valide mes connaissances

Questions autour des textes

- Quels types de textes peuvent être satiriques ?
- Montrez que l'humour est un point commun des textes satiriques que vous avez lus.
- Que dénoncent les textes satiriques ?
- « La satire, c'est … » Rédigez quatre phrases pour proposer une définition.

Questions autour des dessins satiriques

- Dans la presse du XIXe siècle, que dénoncent les dessins satiriques ?
- Qu'est-ce que la censure ?
- Quelles peuvent être les limites à la liberté d'expression ?
- Quelles réactions le dessinateur cherche-t-il à provoquer ?

J'évalue mes compétences

	Maîtrise insuffisante	Maîtrise fragile	Maîtrise satisfaisante	Très bonne maîtrise
Je sais reconnaître les idées, les phénomènes ou les personnes dont la satire se moque.	☐	☐	☐	☐
Je repère l'ironie dans les textes satiriques.	☐	☐	☐	☐
Je sais percevoir l'humour dans les dessins satiriques.	☐	☐	☐	☐
Je sais repérer et interpréter les jeux de mots.	☐	☐	☐	☐

PROJET FINAL

Écrire un poème ou une chanson satirique

OBJECTIF

Dans cet atelier, vous allez rédiger un poème ou une chanson satirique sur le péril écologique. Dans votre texte, on devra retrouver les paroles suivantes de la chanson de Mickey 3D : « Il faut que tu respires. »

ÉTAPE 1

- Recherchez des mots qui évoquent la pollution.
- À l'aide de ces mots, rédigez un texte pour dénoncer le comportement des hommes.
- Écrivez votre texte autour du refrain « Il faut que je respire. »

ÉTAPE 2

- Écoutez des chansons sur le même sujet.
- Ajoutez dans votre texte des idées que vous ont inspiré ces chansons.

ÉTAPE 3

- Retravaillez votre texte pour qu'il soit rythmé.
- Les vers doivent tous faire à peu près le même nombre de syllabes.

PROJET

Respire !

Quand votre texte ressemble à un poème ou à une chanson, lisez-le à la classe.

Regarder le monde, inventer le monde

3 Visions poétiques du monde

SOMMAIRE

Compétences

Langage oral
- Apprécier les usages différents de la langue à l'oral et à l'écrit
- Percevoir et exploiter les ressources expressives de la parole

Écriture
- Manipuler un texte pour l'améliorer, l'enrichir, le transformer
- Écrire pour rendre compte de sa réception de textes lus

Lecture et compréhension de l'écrit
- Mettre un texte en voix
- Mettre en perspective texte et image

Langue
- Maîtriser la relation entre oral et écrit
- Maîtriser le rôle de la ponctuation

PROJET

À la fin de ce chapitre, vous créerez des cadavres exquis.

Pour préparer ce projet, vous devrez :

- retenir les caractéristiques de la poésie moderne (p. 56)
- découvrir des poèmes du XXe siècle (p. 58 à 64)
- rédiger une brochure touristique et poétique (p. 72)
- mettre un poème en voix (p. 70)

René Magritte, *La Corde sensible*, 1960.

DES CLÉS POUR COMPRENDRE

La poésie moderne

J'ai passé mon enfance dans les jardins suspendus de Babylone[1]
Et l'école buissonnière, dans les gares devant les trains en partance
Maintenant, j'ai fait courir tous les trains derrière moi
Bâle-Tombouctou
J'ai aussi joué aux courses à Auteuil et à Longchamp
Paris-New York
Maintenant, j'ai fait courir tous les trains tout le long de ma vie
Madrid-Stockholm
Et j'ai perdu tous mes paris
Il n'y a plus que la Patagonie[2], la Patagonie, qui convienne à mon
[immense tristesse, la Patagonie, et un voyage dans les mers du Sud
Je suis en route
J'ai toujours été en route
Je suis en route avec la petite Jehanne de France

Blaise Cendrars, *Prose du Transsibérien et de la petite Jehanne de France*, 1913.

Le vers libre
Les vers ont des longueurs variées et les rimes ne sont pas obligatoires.

La disparition de la ponctuation
Dans la poésie moderne, la ponctuation disparaît souvent. C'est au lecteur de donner un rythme au texte.

Les thèmes du monde moderne
De nouvelles sources d'inspiration : le train, la vitesse, les voyages…

1. **Jardins suspendus de Babylone :** jardins célèbres dans l'Antiquité.
2. **Patagonie :** Terre de Feu, à la pointe de l'Amérique du Sud.

QUESTIONS

1. Qui parle dans le poème ? Justifiez votre réponse en relevant le pronom personnel employé.

2. Quels éléments du texte montrent que le poète est un voyageur ?

3. Quelle est la longueur des vers qui évoquent ses différentes destinations ?

4. Où le poète se trouve-t-il ? Appuyez-vous sur les trois derniers vers pour répondre.

5. Relevez les répétitions. Selon vous, quelle impression produisent-elles ?

Paysage de Patagonie.

Transsibérien traversant la Mongolie.

Connaissances

Les caractéristiques de la poésie moderne

Au XXe siècle, les poètes se libèrent des règles qui définissaient jusqu'alors les poèmes de forme régulière. À travers les images, le rythme, la mise en espace, ils cherchent à créer une forme originale. Ainsi naît la poésie moderne.

➜ LE VERS LIBRE

Le poème en vers libres ne comporte pas nécessairement de strophes. Les vers ne sont pas composés d'un nombre de syllabes identique et les rimes ne sont pas obligatoires. Le vers garde quelques caractéristiques de la poésie, telles que la majuscule en début de ligne, les jeux sur les sonorités.

➜ LA DISPARITION DE LA PONCTUATION

Les signes de ponctuation sont peu nombreux, voire inexistants, dans la poésie moderne. Le rythme est alors créé par le retour de sonorités à la rime ou à l'intérieur du vers.

➜ LES THÈMES DU MONDE MODERNE

Le poète est inspiré par la vie moderne, dans laquelle il puise les thèmes de ses œuvres : la vitesse, les voyages, le train, l'avion, la publicité…

Le voyage en littérature

Émile Verhaeren (1855-1916)

Ce poète belge a écrit des poèmes en vers libres. Il connaît la célébrité avec ses deux recueils *Les Campagnes hallucinées* (1893) et *Les Villes tentaculaires* (1895).

Texte 1 — Le regard du poète-voyageur

Dans ces deux strophes extraites d'un long poème, Émile Verhaeren se livre à une réflexion sur le voyage.

LE VOYAGE

La mer est belle et claire et pleine de voyages.
À quoi bon s'attarder près des phares du soir
Et regarder le jeu tournant de leurs miroirs
Réverbérer au loin des lumières trop sages ?
La mer est belle et claire et pleine de voyages
Et les flammes des horizons, comme des dents,
Mordent le désir fou, dans chaque cœur ardent :
L'inconnu est seul roi des volontés sauvages.

Partez, partez, sans regarder qui vous regarde,
Sans nuls adieux tristes et doux,
Partez, avec le seul amour en vous
De l'étendue éclatante et hagarde[1].
Oh voir ce que personne, avec ses yeux humains,
Avant vos yeux à vous, dardés[2] et volontaires,
N'a vu ! Voir et surprendre et dompter un mystère
Et le résoudre et tout à coup s'en revenir,
Du bout des mers de la Terre,
Vers l'avenir,
Avec les dépouilles[3] de ce mystère
Triomphales, entre les mains !

Émile Verhaeren, « Le voyage » (extrait), *Les Forces tumultueuses*, 1902.

1. Hagarde : l'air égaré.
2. Dardés : pointés comme des dards.
3. Dépouilles : restes mortels.

À retenir

D'où vient l'alexandrin ?

Un alexandrin est un vers de 12 syllabes généralement coupé en deux parties de 6 syllabes. L'alexandrin, qui tire son nom d'un récit du XIIe siècle appelé *Le Roman d'Alexandre*, se développe vraiment au XVIe siècle. Depuis, il est le vers le plus employé dans la poésie de langue française.

JE DÉCOUVRE LE TEXTE

1 Questions pour lire et comprendre

1. Quel vers répété deux fois est une invitation au voyage ?

2. Dans la première strophe, relevez l'expression qui désigne le soleil couchant.

3. Quels mots du poème expriment la force des sentiments du voyageur ?

4. À qui parle le poète dans la seconde strophe ? Quel verbe est répété à trois reprises ? Pourquoi ?

5. D'après le poète, pourquoi faut-il partir ?

2 Je fais le bilan

6. Le voyage suscite chez le poète bonheur et enthousiasme. Montrez-le en vous aidant des réponses précédentes.

JE M'ENTRAÎNE

Langue

➜ Maîtriser le fonctionnement du verbe et son orthographe

- Relevez le verbe conjugué à l'impératif.
- Conjuguez ensuite les verbes « voir », « surprendre », « dompter » et « revenir » aux trois personnes de l'impératif.

Écriture

➜ Pratiquer l'écriture d'invention

Écrivez un poème de six vers sur la mer. Vous commencerez votre poème par le vers d'Émile Verhaeren « La mer est belle et claire et pleine de voyages ».

Activité numérique

➜ Lire en autonomie

- Recherchez sur Internet trois poèmes sur la mer.
- Copiez-les dans un document Word puis insérez pour chacun une illustration de votre choix. Vous pouvez chercher cette illustration sur Internet ou choisir une photographie dans un livre dont vous ferez un scan.

Oral

➜ Exprimer une opinion argumentée

Choisissez un pays où vous rêvez de vous rendre puis expliquez à la classe pour quelles raisons il vous attire. Vous pouvez évoquer le climat, les paysages, le mode de vie, les spécialités culinaires…

Lecture d'image

➜ Lire et comprendre une vignette de bande dessinée

1) Qu'est-ce qui est représenté sur l'image ? Quel effet la trace d'écume produit-elle ?

2) Comment perçoit-on l'immensité de l'océan ?

3) Choisissez un vers du poème pour légender l'image.

G. Panaccione et W. Lupano, *Un océan d'amour*, 2014.

Eugène Guillevic (1907-1997)

Cet écrivain français a écrit des poèmes dans une langue simple et dense. Très attaché à ses origines bretonnes, il invite le lecteur à se laisser séduire par la beauté du monde.

Texte 2 Le voyageur immobile

Eugène Guillevic exprime dans ses poèmes la tentation du voyage. Ses textes très courts sont aussi un éloge de la simplicité.

On pensait au voyage,
On rêvait de voyages.

On n'imaginait pas
Que plus tard, n'importe où,
Parmi les continents,

On ne serait jamais
Emporté aussi fort,
Aussi loin qu'ici même
Dans la prairie,

Rien qu'à voir les lumières
Qui traquaient l'horizon.

Eugène Guillevic, *Creusement*, 1987.

À retenir

Comment s'appellent les différentes strophes ?

On appelle strophe un groupe de vers.
Une strophe de 2 vers est un distique.
Une strophe de 3 vers est un tercet.
Une strophe de 4 vers est un quatrain.
Ensuite, on a le quintile, le septain, le huitain, le neuvain et le dizain.

JE DÉCOUVRE LE TEXTE

1 Questions pour lire et comprendre

1. D'après vous, qui désigne le pronom « on » à travers le poème ?

2. Aux vers 5 et 9, relevez deux mots qui évoquent des lieux. En quoi s'opposent-ils ? Que cherche à montrer le poète ?

3. D'après vous, pourquoi le poème est-il écrit à l'imparfait ?

4. Observez la longueur des strophes. En quoi correspond-elle au sentiment d'être « emporté » par le voyage imaginé et de revenir à l'endroit où l'on est parti ?

5. Pourquoi le fait d'observer l'horizon permet-il au poète de voyager en restant immobile ?

2 Je fais le bilan

6. Ce poème montre que l'on peut voyager sans partir. Expliquez pourquoi en vous aidant de vos réponses précédentes.

JE M'ENTRAÎNE

Langue

➜ Maîtriser le fonctionnement du verbe et son orthographe

- Réécrivez le poème au présent.
- Comparez le texte ainsi obtenu avec le poème de Guillevic. Quel effet produit le passage au présent ?

Écriture

➜ Pratiquer l'écriture d'invention
➜ Utiliser un dictionnaire pour écrire

Liste : *boisé, vallonné, montagneux, désertique, fleuri, escarpé, ensoleillé, brumeux, vaste, coloré, chatoyant, lumineux, rougeoyant, lointain, contrasté, doux, chaud.*

- Décrivez un paysage au lever ou au coucher du soleil, en cinq phrases. Vous emploierez au moins quatre mots de la liste ci-dessus.

Oral

➜ Formuler un avis personnel

- Présentez à la classe un lieu qui, comme la prairie de Guillevic, vous semble poétique.
- Pensez à un lieu qui stimule votre imaginaire et votre envie d'évasion. Vous pouvez choisir comme Guillevic un paysage naturel mais ce peut être aussi un espace urbain.
- Cherchez ce qui est poétique : la beauté de ce lieu, les activités qu'on y pratique, les personnes qui s'y croisent.
- Pensez aussi que la poésie de ce lieu peut être plus sensible à certaines saisons, à certains moments de la journée, lorsque le soleil brille ou au contraire lorsqu'il pleut. Vous vous exprimerez au présent de l'indicatif.

Lecture d'image

➜ Lire et comprendre un paysage impressionniste

1) Que représente le tableau ? Décrivez le premier plan et l'arrière-plan.

2) Quel type de couleurs domine ?

3) Pourquoi ce tableau pourrait-il illustrer le poème ?

Claude Monet, *Le Pré à Giverny*, 1888.

Blaise Cendrars
(1887-1961)

Poète du voyage, né en Suisse, il s'installe en Russie à l'adolescence, puis se rend à New York. Devenu reporter, il découvre le Brésil. Son roman *L'Or* lui assure un succès mondial.

Texte 3 Voyager grâce à la poésie

Dans son recueil Feuilles de route, *publié notamment à la suite de son voyage au Brésil en 1924, le poète Blaise Cendrars évoque la fascination qu'il éprouve pour les îles.*

Îles

Îles
Îles où l'on ne prendra jamais terre
Îles où l'on ne descendra jamais
Îles couvertes de végétations
Îles tapies comme des jaguars
Îles muettes
Îles immobiles
Îles inoubliables et sans nom
Je lance mes chaussures par-dessus bord car je voudrais bien aller
[jusqu'à vous

Blaise Cendrars, *Feuilles de route*, 1924.

JE DÉCOUVRE LE TEXTE

1 Questions pour lire et comprendre

1. Quel mot est répété au début de chaque vers ? Quel est l'effet produit par cette anaphore ?

2. Expliquez l'expression « Îles où l'on ne prendra jamais terre » (v. 2). Les îles décrites par Cendrars sont-elles connues et explorées ? Relevez, dans les quatre premiers vers, les termes qui le montrent.

3. Quels mots des vers 6 et 8 montrent qu'il est difficile de parler des îles ?

4. Que désigne le pronom « vous » dans le dernier vers ?

5. Pourquoi le dernier vers est-il, d'après vous, beaucoup plus long que les autres ?

2 Je fais le bilan

6. Pourquoi les îles décrites par Cendrars sont-elles des îles où l'on n'ira jamais ? Quel est le seul moyen pour les connaître ? Rédigez un paragraphe en vous aidant de vos réponses précédentes.

À retenir

Qu'est ce qu'une anaphore ?

L'anaphore est la répétition volontaire d'un ou plusieurs mots, souvent en tête de phrase ou au début d'un vers. L'anaphore permet de souligner une idée et de donner du rythme à l'énoncé.

JE M'ENTRAÎNE

Langue

➜ Maîtriser le fonctionnement du verbe et son orthographe

Réécrivez ces deux vers au passé composé.
Vous devrez changer la place des mots. Expliquez l'accord du participe passé dans les deux vers réécrits.

« Îles où l'on ne prendra jamais terre
Îles où l'on ne descendra jamais »

Écriture

➜ Connaître les caractéristiques des genres pour pratiquer l'écriture d'invention

Donnez une vision poétique de l'île de vos rêves. Votre texte pourra être écrit en vers ou en prose.

- Imaginez cette île. Quel est son relief, son climat ? Quelle est sa végétation ? Est-ce une île volcanique et escarpée ? un atoll tropical ? une île circulaire ou bien un archipel à la côte découpée ? Quel est l'aspect de l'île vu depuis la mer ? Est-elle déserte ou habitée ?
- Prenez des notes au fur et à mesure de votre réflexion.
- Trouvez des procédés pour rendre votre description poétique, en cherchant à quoi vous font penser les paysages de votre île.
- Écrivez en vers et faites des rimes. Mais vous pouvez aussi écrire en prose tout en utilisant des procédés poétiques comme la répétition de certains mots, de certains sons.

Activité numérique

➜ Utiliser les techniques numériques pour les activités d'oral

- Par groupes de trois, enregistrez une lecture chorale du poème. Vous pouvez lire ensemble tous les vers, vous les répartir ou encore mettre en voix le poème avec pour certains vers un seul lecteur et pour d'autres vers deux ou trois lecteurs.
- Vous pouvez tester plusieurs lectures.
- Vous choisirez la plus expressive et la ferez écouter à la classe.

Lecture d'image

➜ Lire et comprendre un paysage en peinture

1) Comment les couleurs et la lumière rendent-elles l'île mystérieuse et attirante ?

2) Quelles îles du poème cette île pourrait-elle représenter ? Donnez au moins trois réponses et justifiez-les.

Paul Ranson, *Bord de mer en Bretagne*, 1898.

René Guy Cadou (1920-1951)

René Guy Cadou est un poète inclassable, en dehors des modes et des courants, qui laisse une œuvre considérable. Dans ses poèmes, il fait l'éloge de la nature, de l'amour et d'une vie simple.

Texte 4 — La vision du monde d'un poète amoureux

Dans ce poème, René Guy Cadou évoque le monde qui l'entoure, transfiguré par l'amour.

Je t'attendais ainsi…

Je t'attendais ainsi qu'on attend les navires
Dans les années de sécheresse quand le blé
Ne monte pas plus haut qu'une oreille dans l'herbe
Qui écoute apeurée la grande voix du temps

Je t'attendais et tous les quais toutes les routes
Ont retenti du pas brûlant qui s'en allait
Vers toi que je portais déjà sur mes épaules
Comme une douce pluie qui ne sèche jamais

Tu ne remuais encore que par quelques paupières
Quelques pattes d'oiseaux dans les vitres gelées
Je ne voyais en toi que cette solitude
Qui posait ses deux mains de feuille sur mon cou

Et pourtant c'était toi dans le clair de ma vie
Ce grand tapage[1] matinal qui m'éveillait
Tous mes oiseaux tous mes vaisseaux tous mes pays
Ces astres ces millions d'astres qui se levaient

René Guy Cadou, « Je t'attendais ainsi… », *Hélène ou le règne végétal*, 1951.

1. **Tapage :** grand bruit.

À retenir

Comment repérer comparaisons et métaphores ?

Ces figures de style rapprochent deux réalités, deux objets. Dans la comparaison, on trouve un outil de comparaison : « comme », « tel », « semblable à ». La métaphore est construite sans outil de comparaison. Le vers 1 est une comparaison. Au vers 12, les mains sont comparées à des feuilles. C'est une métaphore car il n'y a pas d'outil de comparaison.

JE DÉCOUVRE LE TEXTE

1 Questions pour lire et comprendre

1. Montrez que ce poème est un poème d'amour.

2. Faites une liste de tous les éléments naturels que perçoit le poète.

3. Quelles parties du corps de la femme aimée sont associées à ces éléments naturels ?

4. À quoi la femme aimée est-elle comparée dans la strophe 2 ?

5. Dans la dernière strophe, quels termes mettent en valeur le bonheur du poète amoureux ?

2 Je fais le bilan

6. En quoi peut-on dire que la femme aimée est présente partout et qu'elle transforme tout ce que voit et perçoit le poète ?

JE M'ENTRAÎNE

Langue

➜ Maîtriser le fonctionnement du verbe et son orthographe

Réécrivez les vers 5, 11, 14 et 16 au passé composé et justifiez l'accord du participe passé.

Écriture

➜ Rechercher des formulations pour améliorer un texte

- Proposez d'autres comparaisons pour montrer comment la nature peut être le reflet de l'amour qu'on porte à un être humain.
« Je t'attends comme on attend…
Je te porte sur mes épaules comme on porte … »
- Ajoutez deux autres phrases aux précédentes en comparant l'être aimé à des éléments naturels.
- Puis reprenez ces quatre phrases et utilisez-les pour écrire un poème d'amour.

Oral

➜ Exploiter les ressources créatives et expressives de la parole

Cherchez avec votre voisin une façon de lire à deux le poème de façon expressive en vous attribuant les vers. Certains vers peuvent être lus par un seul lecteur, d'autres lus à deux. Puis vous expliquez vos choix à vos camarades.

Activité numérique

➜ Travailler sur des enregistrements de prestation personnelle

Par groupes de quatre, cherchez une bande-son pour le poème, puis enregistrez une lecture du poème sur le fond musical que vous avez choisi. Faites-la écouter à vos camarades et expliquez l'effet recherché.

Lecture d'image

➜ Situer une œuvre dans son contexte

1) Que représente l'image ? Comment le sentiment amoureux est-il évoqué ?

2) Étudiez les couleurs et le mouvement. Comment ces éléments mettent-ils en valeur le couple d'amoureux ?

3) Montrez que dans le tableau tout est transformé par l'amour, comme dans le poème de René Guy Cadou.

Marc Chagall, *Amoureux avec un coq*, 1950.

Le paysage en peinture

Qu'est-ce qu'un « paysage » en peinture ? Il s'agit d'un tableau représentant la nature et dans lequel les figures humaines ou les constructions ne sont pas ce qui importe le plus. Ce thème ne devient un genre pictural à proprement parler qu'au XIXe siècle. C'est très progressivement que la nature devient le sujet d'un tableau.

Pieter Bruegel, *Chasseurs dans la neige*, 1566.

Le paysage comme décor

Jusqu'au XVIIe siècle, le paysage est considéré comme un « décor » qui met en valeur des personnages et la représentation d'une scène religieuse, historique ou de la vie quotidienne.

QUESTIONS

1. Quel est le sujet du tableau ? Aidez-vous du titre pour répondre.

2. Que voyez-vous d'autres sur ce tableau ?

Caspar David Friedrich, *Lever de lune sur la mer*, 1822.

Le paysage, miroir des sentiments

Au XIXe siècle, la nature prend une place centrale dans l'art. Pour les artistes de cette époque, le spectacle de la nature est une source d'émerveillement.

QUESTIONS

1. À quel moment de la journée se passe cette scène ? Que font les personnages ?

2. Décrivez le premier plan (là où se trouvent les personnages) et l'arrière-plan. Quelle place est donnée à la nature ?

3. Quel est le sujet du tableau ? (Aidez-vous du titre pour répondre.)

SOCLE Compétences
→ Lire et comprendre des images empruntées à la peinture.
→ Situer les œuvres dans leur contexte.

Claude Monet, *Les Nymphéas*, vers 1906.

La nature changeante du paysage

À partir des années 1860, les peintres impressionnistes privilégient la peinture en extérieur pour représenter des paysages avec vie et précision et pour montrer « l'impression » que fait naître le spectacle de la nature.

QUESTIONS

1. Que représente ce tableau ?

2. Par rapport aux deux premiers tableaux, qu'est-ce qui a disparu ?

3. Selon vous, à quel moment de la journée ce paysage est représenté ? Justifiez votre réponse.

René Magritte, *La Recherche de l'absolu*, 1960.

Le paysage dans la modernité

La peinture moderne s'empare également du paysage au cours du XXe siècle. Elle ne se contraint plus à représenter la nature telle qu'elle est.

QUESTIONS

1. Que représente ce tableau ? À quoi reconnaît-on les éléments qui le composent ?

2. Par rapport aux trois autres tableaux, qu'est-ce qui a changé ?

3. Lequel des quatre tableaux vous plaît le plus ? Expliquez pourquoi.

Écriture

Rédigez le dialogue des trois personnages du tableau 2 (deux répliques chacun).

Activité numérique

Cherchez sur Internet un autre tableau de chacun des peintres cités représentant un paysage. Exposez les résultats à la classe.

Des mots pour écrire un poème

OBJECTIF

Vous allez enrichir votre vocabulaire descriptif grâce aux exercices. Vous pourrez ensuite composer un texte poétique.

1 Je trouve des verbes pour évoquer la lumière

1. Reliez les verbes aux définitions suivantes.
Plusieurs combinaisons sont parfois possibles.

1. Éteindre •	• **a.** Apporter une lumière
2. Éclairer •	• **b.** Ôter la lumière
3. Illuminer •	• **c.** Diminuer la luminosité
4. Réfléchir •	• **d.** Emplir de lumière
5. Tamiser •	• **e.** Ôter l'éclat
6. Assombrir •	• **f.** Plonger dans l'obscurité
7. Obscurcir •	• **g.** Troubler la vue par un éclat extrême
8. Éblouir •	• **h.** Renvoyer la lumière

→ CONJUGAISON
Conjuguez ces verbes à la troisième personne du singulier au présent et à l'imparfait de l'indicatif.

2 J'apprends des mots pour préciser les couleurs

2. Classez ces noms de couleur en trois catégories dans le tableau.
Liste : cyan, magenta, ocre, indigo, safran, grenat, turquoise, rubis, or, carmin, vermillon, outremer, cuivré, pourpre, ambré, ciel, écarlate, fauve, saphir, blond.

Bleu	
Rouge	
Jaune	

3 Je reconnais les mots pour faire entendre les sons

3. Identifiez ce qui peut produire chacun de ces sons :

– le bourdonnement des ……………………………………………………………

– le claquement des ……………………………………………………………

– le froissement de ……………………………………………………………

– le clapotis de ……………………………………………………………

– le sifflement du ……………………………………………………………

– le crépitement du ……………………………………………………………

– le hurlement de ……………………………………………………………

4 Je rapproche des mots pour créer des images

4. Une image (comparaison ou métaphore) repose sur un point commun qui rapproche deux réalités éloignées. Établissez des rapprochements entre une réalité de la liste A et une réalité de la liste B pour former des images.

Liste A : le vent, la main, la pluie, l'île, la terre, la jeunesse.
Liste B : un berceau, une noix, un orage, un carillon, une étoile, un musicien.

→ **MÉTHODE**

a. Décrivez en une phrase l'apparence d'une chose, le son qu'elle produit ou l'action qu'elle accomplit.
b. Ajoutez « comme » et cherchez ce qui peut lui ressembler par l'apparence, le son, l'action.
c. Faites varier la formulation. Choisissez ensuite celle qui vous plaît le plus.

→ **EXEMPLES**

a. Le navire laisse un sillage dans la mer.
b. Le navire laisse un sillage dans la mer comme la charrue laisse un sillon dans la terre.
c. Le navire, tel une charrue, creuse un sillon dans la mer. (comparaison) / Le navire, charrue des mers. (métaphore)

Écriture collective

Écrivez un poème

Décrivez en un paragraphe, de façon poétique, au choix : un objet du quotidien, un phénomène météorologique (la pluie, une tempête, un rayon de soleil…).

→ **Étape 1.** Constituez une « boîte de mots » : rassemblez des mots du champ lexical du thème choisi et ceux qui peuvent vous servir pour préciser la forme, la couleur, la lumière, le bruit, le mouvement… Pensez aux mots des exercices.

→ **Étape 2.** Écrivez un premier jet au brouillon.

→ **Étape 3.** Enrichissez votre description par des images. Vous pouvez utiliser des mots comme « semblable », « comme », ou « tel ».

→ **Étape 4.** Vérifiez l'orthographe et relisez-vous.

Mettre en voix un poème

OBJECTIF

Dans cet atelier, vous allez apprendre à réciter un poème, seul ou à plusieurs, de façon juste et expressive, puis vous présenterez cette performance poétique devant la classe.

ÉTAPE 1 Choisir un poème

Choisissez un poème parmi les deux proposés ou choisissez un autre que vous aimez.
– *L'Homme et la Mer* de Charles Baudelaire
– *Au seul souci de voyager* de Stéphane Mallarmé.

ÉTAPE 2 Préparer la récitation et la mise en voix du poème

Que vous deviez dire le poème seul ou en groupe, il faut que votre récitation mette en valeur la signification du poème, l'émotion qu'il dégage.

ÉTAPE 3 Mémoriser le poème

Vous devez apprendre par cœur le poème entier, même si vous faites une récitation chorale dans laquelle chacun n'aura pas à dire tout le poème.

ÉTAPE 4 Réfléchir à la mise en espace

a. Serez-vous costumé ?
b. Utiliserez-vous des accessoires ?
c. Souhaitez-vous diffuser un fond sonore ?
d. Comment vous placerez-vous ? Serez-vous assis, debout ?

Poème 1

L'Homme et la Mer

Homme libre, toujours tu chériras la mer !
La mer est ton miroir ; tu contemples ton âme
Dans le déroulement infini de sa lame,
Et ton esprit n'est pas un gouffre moins amer.

Tu te plais à plonger au sein de ton image ;
Tu l'embrasses des yeux et des bras, et ton cœur
Se distrait quelquefois de sa propre rumeur
Au bruit de cette plainte indomptable et sauvage.

Vous êtes tous les deux ténébreux et discrets :
Homme, nul n'a sondé le fond de tes abîmes ;
Ô mer, nul ne connaît tes richesses intimes,
Tant vous êtes jaloux de garder vos secrets !

Et cependant voilà des siècles innombrables
Que vous vous combattez sans pitié ni remords,
Tellement vous aimez le carnage et la mort,
Ô lutteurs éternels, ô frères implacables !

Charles Baudelaire, « L'Homme et la Mer »,
Les Fleurs du Mal, 1857.

SOCLE Compétences

➜ Exploiter les ressources expressives de la voix pour lire des poèmes.

Poème 2

Au seul souci de voyager

Au seul souci de voyager
Outre une Inde splendide et trouble
– Ce salut soit le messager
Du temps, cap que ta poupe double

Comme sur quelque vergue[1] bas
Plongeante avec la caravelle
Écumait toujours en ébats
Un oiseau d'annonce nouvelle

Qui criait monotonement
Sans que la barre ne varie
Un inutile gisement
Nuit, désespoir et pierrerie

Par son chant reflété jusqu'au
Sourire du pâle Vasco.

Stéphane Mallarmé, *Au seul souci de voyager.*

1. **Vergue :** élément du mât d'un bateau.

PROJET

Présentez votre poème

- Après avoir préparé la mise en voix et la mise en espace du poème, faites quelques répétitions, puis présentez votre poème à la classe.
- Vos camarades pourront utiliser la grille d'évaluation suivante :

	Oui	Peut être amélioré	Conseils éventuels
Le poème est bien su, il n'y a pas d'hésitation ni d'oublis.	☐	☐	
La prononciation est claire et distincte.	☐	☐	
La mise en voix indique le sens du poème et traduit une émotion.	☐	☐	
La mise en espace est originale est pertinente.	☐	☐	

Réaliser une brochure touristique

OBJECTIF

Dans cet atelier vous allez concevoir la brochure touristique d'une ville de bord de mer.

ÉTAPE 1 Choisir une ville

Par groupes de quatre choisissez une ville de bord de mer, en France ou à l'étranger (par exemple, Arcachon).

ÉTAPE 2 Chercher des informations sur la ville choisie

Faites des recherches sur Internet en entrant comme mots-clés, le nom de la ville que vous avez choisie et « office de tourisme ».

ÉTAPE 3 Rédiger la brochure

Rédigez votre brochure en suivant les rubriques suivantes : paysages – manifestations – gastronomie – activités.
Écrivez trois ou quatre lignes de texte pour chaque rubrique.

Si vous avez besoin de mots

Pensez aux termes qui vont susciter la curiosité ou le désir chez vos lecteurs : *pittoresque, spectaculaire, dépaysant, enchanteur, grandiose, charmant, envoûtant*, etc.

ÉTAPE 4 Donner un titre à la brochure

Choisissez un vers du poème d'Émile Verhaeren, page 58, qui va servir de slogan et de titre à votre brochure.

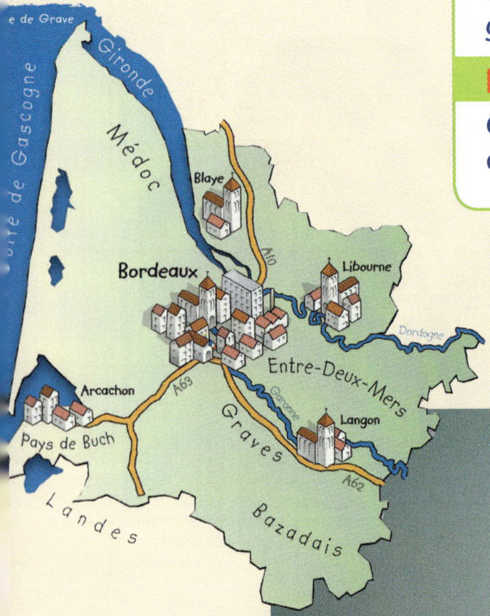

Le Bassin d'Arcachon se situe à 70 km de Bordeaux. On peut y accéder en voiture, en train ou en bus.

SOCLE Compétences
➜ Adopter des stratégies et des procédures d'écriture efficaces.
➜ Connaître la fonction de l'écrit dans la vie sociale et culturelle.

ACTIVITÉS

À Arcachon, on peut faire de nombreuses activités en plein air : naviguer dans le Bassin, faire du vélo, du parapente sur la dune du Pilat.

GASTRONOMIE

Les huîtres sont une spécialité du Bassin d'Arcachon.

PROJET

Fabriquez une brochure touristique

- Mettez en page sur traitement de texte votre brochure et illustrez-la.
- Intégrez votre brochure sur le blog de votre classe et recueillez les commentaires de vos camarades.
- Chaque groupe remplit la grille d'évaluation ci-dessous pour évaluer les différentes brochures.

	Oui	Peut être amélioré	Conseils
La brochure est bien présentée, elle donne envie de visiter le lieu choisi.	☐	☐	☐
Les informations sont claires et précises, elles sont utiles au voyageur.	☐	☐	☐
Les images sont bien choisies, elles correspondent bien au texte.	☐	☐	☐
La rédaction est bien maîtrisée. Le texte est correctement orthographié et bien ponctué.	☐	☐	☐

L'essentiel sur la poésie

Je retiens

- La poésie traduit des émotions comme l'amour, le désir d'évasion, le voyage et la découverte du monde.
- Le poème, comme le tableau, révèle les beautés de la nature.
- Écrire un poème, c'est créer des images à l'aide de différents procédés comme la comparaison et la métaphore.
- Le poète joue avec les mots et les sons.
- Les poèmes contiennent souvent des répétitions qui rythment leur lecture.

Je valide mes connaissances

Questions autour de la poésie

- « La poésie, c'est… » : rédigez quatre phrases proposant des éléments de définition.
- Écoutez et notez les propositions des autres élèves de votre classe. Classez-les.
- Pourquoi peut-on dire que le poète nous donne sa « vision » poétique du monde ?
- Quel poème avez-vous préféré lire ? Quel poème avez-vous préféré écrire ? Pour quelles raisons ?

Questions autour de la peinture

- Pourquoi les peintres peignent-ils des paysages ?
- Quelle est la place de l'homme dans la peinture de paysage ?
- Quel tableau de paysage avez-vous préféré ? Pour quelles raisons ?
- Pourquoi peut-on dire que les paysages que peignent les artistes donnent une vision poétique du monde ?

J'évalue mes compétences

	Maîtrise insuffisante	Maîtrise fragile	Maîtrise satisfaisante	Très bonne maîtrise
J'ai appris à maîtriser quelques outils d'analyse pour lire des poèmes.	☐	☐	☐	☐
J'ai appris à manipuler un texte pour l'améliorer, l'enrichir, le transformer.	☐	☐	☐	☐
Je sais écrire pour rendre compte des textes poétiques que j'ai lus.	☐	☐	☐	☐
Je maîtrise le rôle de la ponctuation.	☐	☐	☐	☐
Je sais mettre en perspective texte et image.	☐	☐	☐	☐

PROJET FINAL

Créer des cadavres exquis

OBJECTIF

Dans cet atelier, vous allez réaliser des cadavres exquis.

ÉTAPE 1 Règle du jeu

Le cadavre exquis est un jeu littéraire qui a été inventé par des écrivains, au début du XXe siècle. Le principe est simple. Chaque participant écrit une phrase ou une partie de phrase puis cache sa production et la donne au joueur suivant qui la complète sans l'avoir lue.

ÉTAPE 2 À vous de jouer

Constituez des groupes de 4 ou 5 élèves. Chaque élève du groupe écrit l'un des éléments d'une phrase en masquant à ses camarades le mot qu'il a choisi.

Ainsi, le premier élève propose un mot sujet ; le deuxième un verbe ; le troisième un complément d'objet ; le quatrième un complément circonstanciel, etc.

Exemple :
– premier élève, un sujet = un lapin
– deuxième élève, un verbe = interroge
– troisième élève, un COD = les asperges
– quatrième élève, un complément circonstanciel = sur la lune
Résultat : Un lapin interroge les asperges sur la lune.

La première fois que les écrivains se sont livrés à cette expérience, ils ont collectivement écrit : « Le cadavre exquis boira le vin nouveau. » Et c'est cette phrase qui a donné son nom au jeu.

PROJET

Un recueil numérique de cadavres exquis

- Vous allez regrouper les textes que vous trouvez les plus réussis.
- Saisissez vos textes sur traitement de textes.
- Mettez-vous d'accord sur la mise en page.
- Réalisez la page d'ouverture : trouvez une illustration et donnez un titre au recueil.
- Sur la dernière page, chaque élève écrira en une phrase ce qu'il a pensé de cet exercice, ce qu'il a préféré, un conseil aux lecteurs, etc.
- Vous pouvez ensuite mettre en ligne votre recueil sur le blog de votre classe.

4

Agir sur le monde

Agir dans la cité : individu et pouvoir

SOMMAIRE

Compétences

Oral
- Formuler des réactions après lecture d'un texte
- Exploiter les ressources expressives de la parole

Écriture
- Identifier les procédés destinés à étayer une argumentation
- Prendre en compte le destinataire et la visée de l'écrit dans son élaboration

Lecture et compréhension de l'écrit
- Situer une œuvre dans son contexte pour enrichir sa lecture
- Reconnaître les implicites d'un texte
- Mettre en relation des textes, des images illustratives, des adaptations cinématographiques

Langue
- Observer, reconnaître et utiliser des paroles rapportées
- Mémoriser les formes du passé simple

Vous pouvez travailler ce chapitre avec le thème correspondant en histoire

PROJET

À la fin de ce chapitre, vous construirez une galerie de portraits d'hommes et de femmes dans la Résistance.

Pour préparer ce projet, vous devrez :

- retenir les caractéristiques de la littérature engagée (p. 78)
- découvrir différents extraits de *La Ferme des animaux* de George Orwell (p. 80 à p. 86)
- prononcer un discours (p. 92)
- créer une association (p. 94)

Affiche du mouvement « Paix et Liberté » (1950-1953), mouvement de propagande anticommuniste dénonçant la mainmise communiste sur le mouvement de la paix.

La littérature engagée

Dans *Le Journal des années noires*, Jean Guéhenno raconte la vie quotidienne sous l'Occupation nazie. Le journal commence le 17 juin 1940, le jour où le Maréchal Pétain propose l'armistice à Hitler.

17 juin 1940

Voilà, c'est fini. Un vieil homme qui n'a plus même la voix d'un homme, mais parle comme une vieille femme, nous a signifié à midi trente que cette nuit il avait demandé la paix. Je pense à toute la jeunesse. Il était cruel de la voir partir à la guerre. Mais est-il moins cruel de la contraindre à vivre dans un pays déshonoré ? Je ne croirai jamais que les hommes soient faits pour la guerre. Mais je sais qu'ils ne sont pas non plus faits pour la servitude[1].

19 juin 1940

Hier soir la voix du général de Gaulle à la radio de Londres. Quelle joie d'entendre enfin, dans cet ignoble désastre, une voix un peu fière. « Moi, général de Gaulle, j'invite… La flamme de la résistance française ne peut s'éteindre… ». Nouvelle aventure de notre liberté. À la tombée de la nuit, je suis monté vers le plateau par cette route qui domine la ville. C'était si étrange. Les Allemands sont à une dizaine de kilomètres. Ils entreront dans la ville demain matin sans doute. Et c'était un soir comme tous les soirs. Les gens prenaient le frais devant les portes. La débâcle[2] a fini de s'écouler vers le sud et nous étions seuls sur la route. À de grands intervalles un coup de canon comme un avertissement. On devinait encore dans la plaine les toits rouges, les façades blanches que dominait la silhouette diabolique de la cathédrale. La lune se levait derrière les tours et, tout au fond, le feu des dépôts d'essence incendiés rougeoyait. La fumée barrait tout le ciel jusqu'à la montagne comme un immense drapeau noir.

Jean Guéhenno, *Le Journal des années noires* (1940-1944), 1947.

Imposer un point de vue
La description péjorative indique l'opinion de l'auteur.

S'impliquer
L'auteur prend parti, il exprime son opinion de manière directe.

Témoigner
En nommant les lieux et les personnages, l'écrivain est un témoin crédible de son époque.

Émouvoir
Grâce à ce tableau, l'auteur veut toucher le lecteur.

1. Servitude : esclavage.
2. Débâcle : fuite de l'armée et de la population française devant l'armée allemande.

QUESTIONS

1. Quel événement marquant a eu lieu entre le 17 et le 19 juin 1940 ?

2. Relevez et expliquez l'opposition entre les mots qui qualifient la déclaration de Pétain et celle du général de Gaulle.

3. Lors de la débâcle, Jean Guéhenno fait-il comme beaucoup le choix de la fuite ?

Affiche de propagande gaulliste.

Connaissances

L'essentiel sur la littérature engagée au XXe siècle

Parfois, et plus particulièrement lors des périodes troublées, la littérature est un moyen pour l'écrivain de traduire et de partager ses idées.

➜ IMPOSER UN POINT DE VUE

Par la manière dont il présente les personnages et les événements, l'écrivain engagé oriente le point de vue du lecteur. Il peut faire l'éloge d'un personnage ou au contraire, le blâmer.

➜ PRENDRE PARTI, S'IMPLIQUER

L'écrivain exprime parfois son opinion directement. Il utilise alors la littérature pour inviter les lecteurs à le rejoindre dans sa lutte. Ainsi, le texte devient une arme, un moyen d'agir.

➜ TÉMOIGNER

Des écrivains choisissent de peindre l'époque qu'ils traversent afin d'en laisser une trace pour les générations de lecteurs à venir. Ainsi, les artistes se font l'écho des grands conflits du XXe siècle.

➜ ÉMOUVOIR

Les auteurs ont recours au lyrisme et au registre de l'émotion pour toucher le lecteur, le persuader.

Littérature et résistance

George Orwell (1903-1950)

George Orwell est un écrivain et journaliste anglais engagé qui a lutté contre le colonialisme et les totalitarismes nazi et soviétique.
Dans *La Ferme des animaux*, les animaux, doués de la parole, excédés par le fermier qui les maltraite et les exploite décident de prendre le pouvoir et de gérer eux-mêmes la ferme.

Extrait 1 Un discours éloquent

Dans la ferme du Manoir, le vieux porc, Sage l'Ancien rêve d'une vie meilleure pour les animaux. Il les réunit tous dans la grange et leur tient ce discours.

– Regardons les choses en face : nous avons une vie de labeur, une vie de misère, une vie trop brève. Une fois au monde, il nous est tout juste donné de quoi survivre, et ceux d'entre nous qui ont la force voulue sont astreints au travail jusqu'à ce qu'ils rendent l'âme. Et dans l'instant où nous cessons d'être utiles, voici qu'on nous égorge avec une cruauté inqualifiable.

Passée notre première année sur terre, il n'y a pas un seul animal qui entrevoie ce que signifient des mots comme loisir ou bonheur. Et quand le malheur l'accable, ou la servitude, pas un animal qui soit libre. Telle est la simple vérité.

Et doit-il en être tout uniment[1] ainsi par un décret de la nature ? Notre pays est-il donc si pauvre qu'il ne puisse procurer à ceux qui l'habitent une vie digne et décente ? Non, camarades, mille fois non ! Fertile est le sol de l'Angleterre et propice son climat. Il est possible de nourrir dans l'abondance un nombre d'animaux bien plus considérable que ceux qui vivent ici. Cette ferme à elle seule pourrait pourvoir[2] aux besoins d'une douzaine de chevaux, d'une vingtaine de vaches, de centaines de moutons – tous vivant dans l'aisance une vie honorable. Le hic, c'est que nous avons le plus grand mal à imaginer chose pareille. Mais puisque telle est la triste réalité, pourquoi en sommes-nous toujours à végéter dans un état pitoyable ? Parce que tout le produit de notre travail, ou presque, est volé par les humains. Camarades, là se trouve la réponse à nos problèmes. [...]

Débarrassons-nous de l'Homme, et nôtre sera le produit de notre travail. C'est presque du jour au lendemain que nous pourrions devenir libres et riches. À cette fin, que faut-il ? Eh bien, travailler de jour et de nuit, corps et âme, à renverser la race des hommes. C'est là mon message, camarades.

George Orwell, *La Ferme des animaux*, 1945.

1. **Uniment :** uniformément.
2. **Pourvoir :** satisfaire.

JE DÉCOUVRE LE TEXTE

1 Questions pour lire et comprendre

1. Quelles sont les conditions de vie des animaux ?

2. Pour quelles raisons, d'après Sage l'Ancien, les animaux vivent-ils dans de telles conditions ?

3. Quelle solution Sage l'Ancien propose-t-il pour améliorer le sort des animaux ?

4. À quelle idéologie politique du XXe siècle l'appellation « Camarades » est-elle associée ?

2 Je fais le bilan

5. « Débarrassons-nous de l'Homme. » En vous aidant des réponses aux questions précédentes, montrez, dans un paragraphe argumenté, que ce slogan semble un appel légitime mais qu'il contient aussi de la violence.

À retenir

Comment rapporter des paroles au style direct ?

Dans un récit, les paroles rapportées permettent d'inclure des scènes et faire vivre les personnages. Au discours direct, les paroles sont rapportées telles qu'elles ont été prononcées, et indiquées par des guillemets ou un tiret. On entend la voix du personnage.

JE M'ENTRAÎNE

Langue

➜ Maîtriser le fonctionnement du verbe et son orthographe

Relevez les verbes à l'impératif. À quelle personne sont-ils conjugués ? Justifiez ce choix de l'orateur.

Écriture

➜ Pratiquer l'écriture d'invention

Le fermier est entré dans la grange et a surpris le discours de Sage l'Ancien. Il lui répond. Rédigez ce texte puis lisez-le à la classe.

Activité numérique

➜ Se repérer dans le temps : construire des repères historiques

Faites une recherche sur Internet et dans la partie histoire de votre manuel sur la révolution russe.

- Quelle forme prenait l'oppression dont étaient victimes les ouvriers et les paysans sans terre à l'époque du tsar ?
- Par quels moyens les populations opprimées ont-elles tenté de faire entendre leurs revendications ?
- Quelles sont les caractéristiques du système mis en place par Staline dans les années 1930 ?

Lecture d'image

➜ Lire et comprendre une planche de bande dessinée

1) Traduisez les bulles en français.

2) Quelle image est donnée du fermier Jones ?

3) Comment comprenez-vous le rêve de Sage l'Ancien dans la quatrième vignette ?

Extrait de la bande dessinée *Animal Farm*, illustrations de Norman Pett et texte de Donald Freeman, Archives nationales, Royaume-Uni, 1950.

Sage l'Ancien est mort mais les animaux n'ont pas oublié son discours. Trois cochons, Boule de Neige, Napoléon et Brille-Babil mènent la lutte et les animaux parviennent à chasser le fermier, Mr Jones, et sa femme de leur exploitation. Les cochons prennent possession de la maison d'habitation et apprennent à lire et à écrire ; les autres animaux continuent à travailler.

À retenir

Qu'est-ce que le totalitarisme ?

George Orwell fait allusion au totalitarisme du pouvoir soviétique. Dans ce régime imposé par Staline à partir de 1928, les libertés sont progressivement supprimées, et la répression s'installe contre ceux qui ne se soumettent pas.

Extrait 2 Une société idéale ?

Après s'être installés dans la ferme, les cochons décident de fixer à tous des règles de vie.

Le moment était venu d'inscrire les Sept Commandements sur le mur.

Ils constitueraient la loi imprescriptible de la vie de tous sur le territoire de la Ferme des Animaux. Non sans quelque mal (vu que, pour un cochon, se tenir en équilibre sur une échelle n'est pas commode), Boule de Neige escalada les barreaux et se mit au travail ; Brille-Babil, quelques degrés plus bas, lui tendait le pot de peinture. Et c'est de la sorte que furent promulgués les Sept Commandements, en gros caractères blancs, sur le mur goudronné. On pouvait les lire à trente mètres de là. Voici leur énoncé :

1. Tout Deuxpattes est un ennemi.
2. Tout Quatrepattes ou tout volatile, un ami.
3. Nul animal ne portera de vêtements.
4. Nul animal ne dormira dans un lit.
5. Nul animal ne boira d'alcool.
6. Nul animal ne tuera un autre animal.
7. Tous les animaux sont égaux.

[...] Le dimanche, jour férié, on prenait le petit déjeuner une heure plus tard que d'habitude. Puis c'était une cérémonie renouvelée sans faute chaque semaine. D'abord on hissait les couleurs. Boule de Neige s'était procuré à la sellerie un vieux tapis de table de couleur verte, qui avait appartenu à Mrs. Jones, et sur lequel il avait peint en blanc une corne et un sabot. Ainsi donc, dans le jardin de la ferme, tous les dimanches matin le pavillon était hissé au mât. Le vert du drapeau, expliquait Boule de Neige, représente les verts pâturages d'Angleterre ; la corne et le sabot, la future République, laquelle serait proclamée au renversement définitif de la race humaine. Après le salut au drapeau, les animaux gagnaient ensemble la grange. Là se tenait une assemblée qui était l'assemblée générale, mais qu'on appelait l'Assemblée. On y établissait le plan de travail de la semaine et on y débattait et adoptait différentes résolutions. Celles-ci, les cochons les proposaient toujours. Car si les autres animaux savaient comment on vote, aucune proposition nouvelle ne leur venait à l'esprit.

Ainsi, le plus clair des débats était l'affaire de Boule de Neige et Napoléon.

George Orwell, *La Ferme des animaux*, 1945.

JE DÉCOUVRE LE TEXTE

1 Questions pour lire et comprendre

1. Qu'est-ce que les cochons décident d'inscrire en gros caractères sur le mur de l'étable ?

2. Dans un tableau, distinguez les obligations et les interdictions.

3. Quel est le rôle des commandements ?

4. D'après cet extrait, les animaux sont-ils vraiment tous égaux ?

5. Dessinez le drapeau de La Ferme des Animaux. À quel drapeau vous fait-il penser dans l'histoire du XXe siècle ?

2 Je fais le bilan

6. Pensez-vous que dans la ferme les animaux ont suffisamment de libertés? Est-ce vraiment une société idéale ?
Rédigez un paragraphe argumenté en vous aidant de vos réponses précédentes.

JE M'ENTRAÎNE

Langue

→ Maîtriser le fonctionnement du verbe et son orthographe

Réécrivez la phrase ci-dessous au futur simple (lignes 24 à 28).

« Après le salut au drapeau, les animaux gagnaient ensemble la grange. Là se tenait une assemblée qui était l'assemblée générale, mais qu'on appelait l'Assemblée. On y établissait le plan de travail de la semaine et on y débattait et adoptait différentes résolutions. »

Écriture

→ Écrire pour expliquer

Expliquez en quoi les noms des trois cochons révèlent leurs qualités ou leurs défauts.

Activité numérique

→ Exprimer des sentiments moraux

- Rédigez les Sept Commandements de votre société idéale.
- Mettez en commun votre liste avec celle de votre voisin. Concertez-vous pour harmoniser vos propositions puis saisissez votre texte sur ordinateur dans le format d'une affiche.
- Imprimez votre affiche puis comparez-la avec celles de vos camarades.

Oral

→ Mettre en place des jeux d'invention

→ Interagir avec autrui dans un échange

- Constituez des groupes de 4 élèves et organisez le jeu suivant. Il s'agit de trouver des noms propres qui qualifient différents types de personne. Exemple : *indécis* : Niouininon ; *fatigué* : Borêve.
- Écrivez sur des morceaux de papier des adjectifs de la liste. Liste : *timide, courageux, indécis, hautain, fatigué, audacieux, sportif, rêveur, colérique, autoritaire, délicat…*
- Pliez les papiers. À chaque tour, tirez un des adjectifs. Le premier qui a trouvé un nom qui convient remporte le papier et le point.

Lecture d'image

→ Lire et comprendre une affiche de film

1) Que montre cette affiche ? Quel moment de la vie à la ferme est représenté ?

2) Qui est le chef ? Relisez la dernière phrase du texte pour répondre.

3) À quoi voit-on l'autorité du chef ?

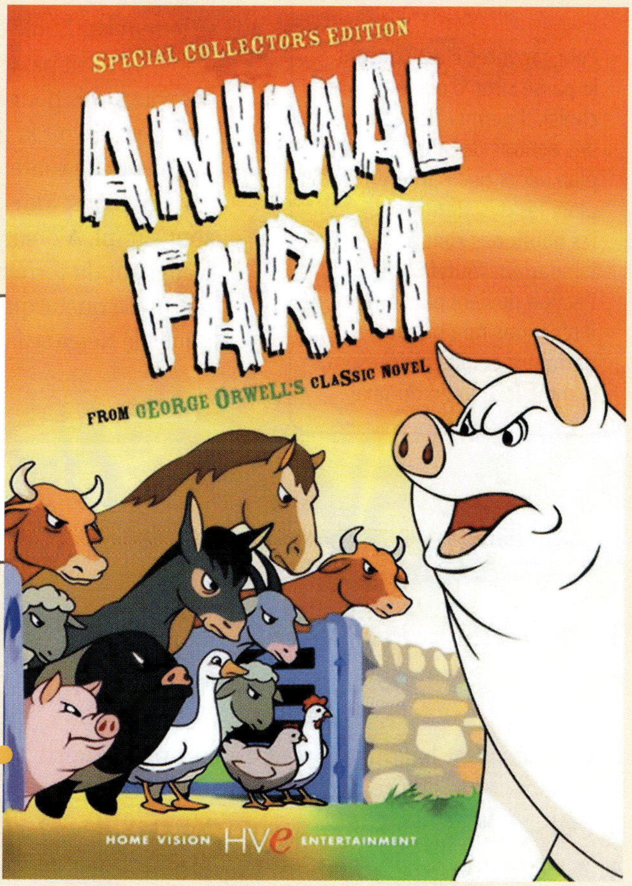

Affiche du dessin animé *Animal Farm* réalisé par Joy Batchelor et John Halas, 1954, d'après l'œuvre de George Orwell.

La Ferme des Animaux se développe sous la direction des cochons. Cependant, Boule de Neige a des projets que Napoléon ne partage pas.

1. Insanité : folie, extravagance.

2. Plaidoyer : discours argumenté pour défendre une idée.

3. Éloquence : façon de parler persuasive.

À retenir

Comment utilise-t-on le passé simple ?

Pour raconter, c'est souvent le passé simple qui est choisi. Il permet de raconter des actions de premier plan, alors que l'arrière-plan, les descriptions, les habitudes sont à l'imparfait. Toutefois, quand l'action devient plus intense, il n'est pas rare que le narrateur emploie le présent, comme ici à la fin du texte.

Extrait 3 La guerre des chefs

Boule de Neige a prévu la construction d'un moulin à vent. Napoléon y est opposé.

Le jour vint où les plans de Boule de Neige furent achevés. À l'assemblée tenue le dimanche suivant, la question fut mise aux voix : fallait-il ou non commencer la construction du moulin à vent ? Une fois les animaux réunis dans la grange, Boule de Neige se leva et, quoique interrompu de temps à autre par les bêlements des moutons, exposa les raisons qui plaidaient en faveur du moulin à vent. Puis Napoléon se leva à son tour. Le moulin à vent, déclara-t-il avec beaucoup de calme, est une insanité[1]. Il déconseillait à tout le monde de voter le projet. Et, ayant tranché, il se rassit n'ayant pas parlé trente secondes, et semblant ne guère se soucier de l'effet produit. Sur quoi Boule de Neige bondit. Ayant fait taire les moutons qui s'étaient repris à bêler, il se lança dans un plaidoyer[2] d'une grande passion en faveur du moulin à vent. Jusque-là, l'opinion flottait, partagée en deux. Mais bientôt les animaux furent transportés par l'éloquence[3] de Boule de Neige qui, en termes flamboyants, brossa un tableau du futur de la Ferme des Animaux. Plus de travail sordide, plus d'échines ployées sous le fardeau ! [...] Quand il se rassit, nul doute ne subsistait sur l'issue du vote. À ce moment, toutefois, Napoléon se leva, jeta sur Boule de Neige un regard oblique et singulier, et poussa un gémissement dans l'aigu que personne ne lui avait encore entendu pousser.

Sur quoi ce sont dehors des aboiements affreux, et bientôt se ruent à l'intérieur de la grange neuf molosses portant des colliers incrustés de cuivre. Ils se jettent sur Boule de Neige, qui de justesse échappe à leurs crocs. L'instant d'après, il avait passé la porte, les chiens à ses trousses. Alors, trop abasourdis et épouvantés pour élever la voix, les animaux se pressèrent en cohue vers la sortie, pour voir la poursuite. Boule de Neige détalait par le grand pâturage qui mène à la route. Il courait comme seul un cochon peut courir, les chiens sur ses talons. Mais tout à coup voici qu'il glisse, et l'on croit que les chiens sont sur lui. Alors il se redresse, et file d'un train encore plus vif. Les chiens regagnent du terrain, et l'un d'eux, tous crocs dehors, est sur le point de lui mordre la queue quand, de justesse, il l'esquive. Puis, dans un élan suprême, Boule de Neige se faufile par un trou dans la haie, et on ne le revit plus.

George Orwell, *La Ferme des animaux*, 1945.

JE DÉCOUVRE LE TEXTE

1 Questions pour lire et comprendre

1. Quel projet oppose Boule de Neige et Napoléon ?

2. Quelles sont les différences de comportement entre Boule de Neige et Napoléon ?

3. Qui semble sortir vainqueur du débat d'idées ?

4. À la fin du texte, comment Napoléon agit-il ?

5. Pourquoi aucun animal n'intervient-il pour aider Boule de Neige ?

2 Je fais le bilan

6. Que peut-on deviner de l'avenir de la Ferme des animaux d'après cet événement ? Rédigez un paragraphe argumenté en vous aidant de vos réponses aux questions précédentes.

JE M'ENTRAÎNE

Langue

➜ Analyser le sens des mots

Réécrivez ces phrases à la voix active : « Le jour vint où les plans de Boule de Neige furent achevés. » (l. 1) « Mais bientôt les animaux furent transportés par l'éloquence de Boule de Neige. » (l. 12-13).

Activité numérique

➜ Lire et reformuler des documents

- Lisez le dernier paragraphe du texte de façon à montrer l'accélération des événements et la brutalité du dénouement.
- Enregistrez-vous et faites écouter votre version à vos camarades.

Écriture

➜ Pratiquer l'écriture d'invention

Napoléon raconte cet épisode : rédigez le récit qu'il en fait à partir du moment où Boule de Neige prend la parole. Il explique d'abord ce qu'il pense du discours de Boule de Neige et des réactions du public. Puis il dit comment il va agir et dans quel but.

Oral

➜ Défendre un point de vue

- Expliquez devant la classe pourquoi aucun débat véritable ne peut avoir lieu dans la Ferme des Animaux.
- Trouvez trois ou quatre raisons qui expliquent qu'il ne peut exister de débat dans la ferme.
- À partir de celles-ci, déduisez les conditions nécessaires à un véritable débat dans une démocratie.

Lecture d'image

➜ Lire et comprendre une image de dessin animé

1) À quel moment du récit cette image du dessin animé correspond-elle ?

2) Que représente le tableau à l'arrière-plan ? Que révèle sa présence sur la tribune ?

3) Pourquoi *La Ferme des animaux* se prête-t-elle bien à une adaptation en dessin animé ?

Animal Farm, dessin animé de Joy Batchelor et John Halas, 1954, d'après l'œuvre de George Orwell.

Après avoir chassé Boule de Neige, Napoléon supprime les réunions et les loisirs du dimanche. Les conditions de vie des animaux deviennent de plus en plus pénibles. Nul ne se révolte pourtant. Jusqu'au jour où une nouvelle étape est franchie.

Extrait 4 Une société totalitaire

Alors que les animaux regagnaient les dépendances, le travail fini, retentit dans la cour un hennissement d'épouvante. Les animaux tout surpris firent halte. C'était la voix de Douce[1]. Elle hennit une seconde fois, et tous les animaux se ruèrent dans la cour au grand galop. Alors ils virent ce que Douce avait vu.

Un cochon qui marchait sur ses pattes de derrière. [...]

Il tenait un fouet dans sa patte.

Ce fut un silence de mort. Abasourdis et terrifiés, les animaux se serraient les uns contre les autres, suivant des yeux le long cortège des cochons avec lenteur défilant autour de la cour. C'était comme le monde à l'envers. Puis, le premier choc une fois émoussé, au mépris de tout – de leur frayeur des chiens, et des habitudes acquises au long des ans de ne jamais se plaindre ni critiquer, quoi qu'il advienne – ils auraient protesté sans doute, auraient élevé la parole. Mais alors, comme répondant à un signal, tous les moutons en chœur se prirent à bêler de toute leur force :

Quattrepattes, bon ! Deuxpattes, mieux ! Quattrepattes, bon ! Deuxpattes, mieux !

Ils bêlèrent ainsi cinq bonnes minutes durant. Et quand ils se turent, aux autres échappa l'occasion de protester, car le cortège des cochons avait regagné la résidence. [...]

Après quoi le lendemain, il ne parut pas étrange de voir les cochons superviser le travail de la ferme le fouet à la patte. Il ne parut pas étrange d'apprendre qu'ils s'étaient procuré un poste de radio, faisaient installer le téléphone et s'étaient abonnés à des journaux – des hebdomadaires rigolos, et un quotidien populaire. Il ne parut pas étrange de rencontrer Napoléon faire un tour de jardin la pipe à la bouche – non plus que de voir les cochons endosser les vêtements de Mr. Jones tirés de l'armoire.

George Orwell, *La Ferme des animaux*, 1945.

1. **Douce :** la jument de la ferme.

JE DÉCOUVRE LE TEXTE

1 Questions pour lire et comprendre

1. Quel événement exceptionnel se produit à la ferme ?

2. Pourquoi épouvante-t-il les autres animaux ?

3. Quelle est la réaction de l'ensemble des animaux ?

4. D'après le dernier paragraphe du texte, que se passe-t-il dans la ferme de nouveau ?

5. Pourquoi ces évolutions ne semblent-elles pas étranges aux animaux ? De quoi sont-elles pourtant la preuve ?

2 Je fais le bilan

6. Pourquoi les animaux éprouvent-ils le besoin de se libérer des règles et des commandements ?
Rédigez un paragraphe argumenté en vous aidant de vos réponses précédentes.

À retenir

Qu'est-ce qu'un apologue ?
À travers l'histoire qu'il raconte, Orwell veut livrer au lecteur une leçon. La révolte des animaux exprime leur soif de liberté. On appelle « apologue », un récit qui débouche sur une morale.

JE M'ENTRAÎNE

Langue

➜ Analyser le sens des mots

Dans le dernier paragraphe du texte, le mot « étrange » apparaît trois fois. Remplacez-le par un synonyme en employant trois mots différents.

Écriture

➜ Expliquer pour faire comprendre un phénomène

Que dénonce *La Ferme des animaux* ? Expliquez-le dans un paragraphe de cinq à dix lignes.

Oral

➜ Défendre un point de vue

Comparez les deux affiches pages 83 et 87. Laquelle préférez-vous ? Laquelle vous semble la plus pertinente pour présenter *La Ferme des animaux* ? Donnez des arguments pour défendre votre point de vue face à la classe.

Activité numérique

➜ Lire et reformuler des documents

Cherchez sur Internet deux biographies différentes de George Orwell. Copiez-les puis collez-les dans un document Word. Réalisez une synthèse en prenant des éléments dans les deux biographies. Votre texte comportera 500 caractères environ.

Lecture d'image

➜ Lire et comprendre une affiche de film

1) Comment le cochon est-il représenté ? Montrez qu'il est à la fois animal et humain.

2) Traduisez le slogan. Auquel des quatre extraits proposés correspond-il ?

3) Quels mots de l'extrait 4 reprennent le slogan mais en inversent le sens ?

Animal Farm, film de John Stephenson, 1999.

Un acte de résistance pacifiste

Christian Carion, *Joyeux Noël*, 2005.

Le film *Joyeux Noël* : décembre 1914, des soldats allemands, français et écossais s'entretuent dans les tranchées. À la veille de Noël, une trêve de 24 heures s'organise spontanément. Les hommes fraternisent mais, Noël terminé, comment les soldats pourront-ils tirer sur les hommes avec lesquels ils ont chanté ou joué au football ?

Dans l'enfer de la guerre de 1914

La violence des combats a été particulièrement atroce en 1914 en raison de fréquents corps-à-corps mais aussi du recours à des armes nouvelles et destructrices. Les combats se déroulent dans des zones habitées.

QUESTIONS

1. À quoi voit-on que la scène se déroule en hiver ?
2. Comment l'image est-elle cadrée ? Qu'est-ce que le cinéaste met ainsi en valeur ?
3. Que font les soldats à ce stade du combat ?
4. Qu'est-ce qui nous montre que la bataille vient d'avoir lieu ?

Fraternisation sur le champ de bataille

Un moment de trêve a été décidé par les officiers des trois armées en présence (France, Écosse et Allemagne). Cette interruption des combats au moment de Noël est intervenue à différents endroits du front. Elle n'a pas été décidée par le haut commandement mais improvisée par des officiers de terrain soucieux du moral de leur troupe.

QUESTIONS

1. Qu'est-ce qui montre que la scène se déroule sur le champ de bataille ?
2. De quelle(s) nationalité(s) sont ces soldats ?
À quoi les reconnaît-on ?
3. À quoi voit-on que les troupes ont fraternisé ?

Une partie de football entre soldats ennemis

Les officiers à la tête des troupes ont décidé d'organiser une partie de football afin de concrétiser ce moment de trêve et de fraternisation.

QUESTIONS

1. Décrivez les trois plans de l'image : premier plan, deuxième plan et arrière-plan.

2. Qu'est-ce que la scène a de surprenant ?

Joyeux Noël sur le front

Le film de Christian Carion, réalisé en 2005, est un film de fiction qui prend appui sur des faits authentiques.

QUESTIONS

1. Décrivez la scène en arrière-plan et le geste en gros plan. Quelle est leur signification ?

2. Pourquoi voit-on trois mains en gros plan ?

3. Que pensez-vous du titre du film ? Le trouvez-vous bien choisi ? Quel autre titre aurait-on pu donner au film ?

4. Un texte figure en haut de l'affiche. Quel est son rôle ? Pourquoi l'Histoire a-t-elle oublié cette histoire ?

Écriture

Pour dénoncer les atrocités de la guerre, quel support vous semble le plus efficace : un article de presse, un roman, un film documentaire ou un film de fiction ? Justifiez votre réponse dans un paragraphe de cinq à dix lignes.

Activité numérique

- Plusieurs actes de fraternisation ont eu lieu le jour de Noël 1914 sur le front. Documentez-vous sur Internet et présentez ce que vous avez trouvé à vos camarades.
- Pourquoi ces actes de fraternisation ont-ils été tenus secrets pendant des années ? Que nous apprennent-ils sur la guerre et sur les hommes qui y ont participé ? Pourquoi des romanciers et des cinéastes les racontent-ils aujourd'hui ?

Des mots pour défendre un point de vue

OBJECTIF

Vous apprendrez des mots du lexique de l'argumentation et leur emploi dans les exercices suivants. Vous pourrez ensuite rédiger un texte d'éloge.

1 Je distingue les manières d'argumenter

Voici les définitions des différentes manières d'argumenter.

a. Démontrer : expliquer de façon logique pour établir la vérité d'une thèse.

b. Convaincre : faire comprendre et admettre une thèse à l'aide d'arguments fondés sur la raison.

c. Persuader : emporter l'adhésion en s'adressant à la sensibilité et à l'imagination.

1. Dans un de ces extraits de *La Ferme des animaux*, dites si Boule de Neige cherche à démontrer, convaincre ou persuader. Justifiez en relevant des mots.

Extrait 1 : « Boule de Neige [...] exposa les raisons qui plaidaient en faveur du moulin à vent. »

Extrait 2 : « Il (Boule de Neige) se lança dans un plaidoyer d'une grande passion en faveur du moulin à vent. [...] bientôt les animaux furent transportés par l'éloquence de Boule de Neige qui, en termes flamboyants, brossa un tableau du futur de la Ferme des Animaux. [...] Et l'imagination aidant, Boule de Neige, loin désormais des hache-paille et des coupe-betteraves, loua hautement l'électricité. »

2 Je manipule le vocabulaire de l'argumentation

2. Reliez les verbes de la colonne de gauche aux noms de la colonne de droite. Plusieurs combinaisons sont parfois possibles.

combattre •	• une idée
émettre •	• une cause
récuser •	• un préjugé
défendre •	• une opinion
étayer •	• un jugement
développer •	• un argument
dénoncer •	• une thèse
plaider •	• un point de vue

3 Je n'oublie pas les mots nécessaires pour articuler les idées

3. Recopiez les listes suivantes et complétez-les à l'aide de conjonctions de coordination, de subordination, de prépositions et d'adverbes.

- Exprimer la cause : c'est pourquoi, comme…
- Exprimer la conséquence : ainsi, de telle sorte que…
- Exprimer le but : pour, en vue de...
- Exprimer l'opposition : au contraire, bien que…

4 Je connais les procédés pour impliquer et émouvoir un auditoire

4. Dans les phrases suivantes, retrouvez ces procédés qui impliquent l'auditoire : apostrophe, incise, question rhétorique, répétition, exclamation, injonction.

a. Vous n'allez tout de même pas croire que nous agissons par égoïsme !

b. Notez-le bien, j'insiste encore, je ne dis pas soulager, je dis guérir.

c. Comment veut-on guérir le mal si on ne le connaît pas ?

d. Oui, mes amis, c'est à vous que je m'adresse, faites respecter la justice !

e. Ne faut-il pas toujours garder l'espoir ?

5. Lisez le texte suivant à voix haute en insistant sur les procédés de mise en valeur surlignés.

Interrogation
Répétition
Émotion
Violence
Jugement, termes forts
Mots importants

« Quelle est donc, camarades, la nature de notre existence ? Regardons les choses en face : nous avons une vie de labeur, une vie de misère, une vie trop brève. Une fois au monde, il nous est tout juste donné de quoi survivre, et ceux d'entre nous qui ont la force voulue sont astreints au travail jusqu'à ce qu'ils rendent l'âme. Et dans l'instant où nous cessons d'être utiles, voici qu'on nous égorge avec une cruauté inqualifiable. Passée notre première année sur terre, il n'y a pas un seul qui entrevoie ce que signifient des mots comme loisir ou bonheur. »

George Orwell, *La Ferme des animaux*, 1945.

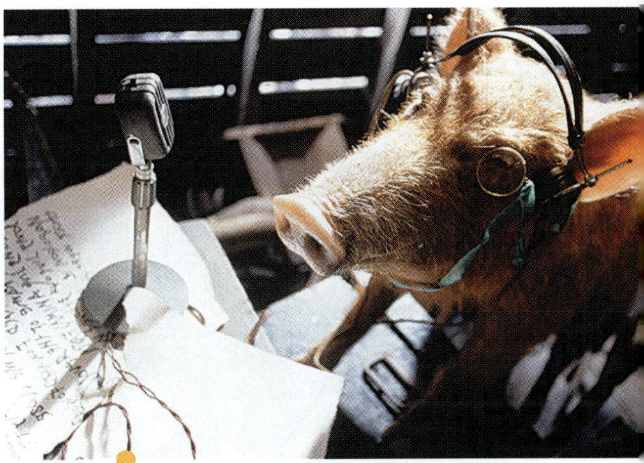

Animal Farm, film de John Stephenson, 1999.

Écriture collective

Écrivez un texte d'éloge

Faites l'éloge d'une personnalité pacifiste qui a marqué l'histoire : Nelson Mandela, Gandhi, Martin Luther King. Utilisez les procédés étudiés ci-dessus pour impliquer et émouvoir l'auditoire.

➜ **Étape 1** : Choisissez le personnage et cherchez quelques renseignements sur sa vie, ses combats, ses actions. Retenez ce qui est digne d'éloges.

➜ **Étape 2** : Ordonnez les éléments retenus à l'aide de mots pouvant articuler (exercice 3) et écrivez un premier jet.

➜ **Étape 3** : Soulignez les procédés pour impliquer et émouvoir. Ajoutez-en en cas de besoin (exercices 4 et 5).

➜ **Étape 4** : Lisez votre éloge à vos camarades.

Prononcer un discours

OBJECTIF

Dans cet atelier, vous allez vous entraîner à repérer les caractéristiques d'un discours et à le prononcer comme un orateur, puis vous prendrez la parole devant la classe.

ÉTAPE 1 Bien comprendre le discours et repérer les divers éléments du texte

Vous allez travailler comme un orateur ou un acteur. Pour cela, il faut prendre appui sur une bonne compréhension du texte. Repérez les adresses à l'orateur et soulignez les questions posées.

ÉTAPE 2 Travailler le caractère de l'orateur

Vous allez vous répartir les passages à prononcer, mais le personnage que vous jouez doit conserver le même caractère. Ce caractère apparaîtra grâce au ton, au rythme, à la posture.

ÉTAPE 3 Soutenir l'intérêt de l'auditoire

L'auditoire doit se sentir concerné pour adhérer au discours de l'orateur. Son attention doit être captée et entretenue par l'orateur : vous pouvez faire des gestes et des pauses de quelques secondes ou bien ralentir le rythme de votre discours.

ÉTAPE 4 Mettre en espace la performance orale

Un discours est aussi un spectacle. Préparez votre entrée en scène, la place que vous occuperez dans la salle.

Le Discours d'un roi, film réalisé par Tom Hooper, 2010.

Martin Luther King, lors de son discours célèbre à Washington en 1963 : « *I have a dream…* »

PROJET

Prononcez un discours

- Par groupe de deux, prononcez en alternance le discours de Sage l'Ancien comme un orateur.

✔ Par exemple, vous pouvez faire à cet endroit du discours une pause de quelques secondes.

Ici, vous pouvez faire un geste pour capter l'attention de l'auditoire.

Notre pays est-il donc si pauvre qu'il ne puisse procurer à ceux qui l'habitent une vie digne et décente ? ✔ Non, camarades, mille fois non ! Fertile est le sol de l'Angleterre et propice son climat. Il est possible de nourrir dans l'abondance un nombre d'animaux bien plus considérable que ceux qui vivent ici. Cette ferme à elle seule pourrait pourvoir[2] aux besoins d'une douzaine de chevaux, d'une vingtaine de vaches, de centaines de moutons – tous vivant dans l'aisance une vie honorable. Le hic, c'est que nous avons le plus grand mal à imaginer chose pareille. Mais puisque telle est la triste réalité, pourquoi en sommes-nous toujours à végéter dans un état pitoyable ? Parce que tout le produit de notre travail, ou presque, est volé par les humains. Camarades, là se trouve la réponse à nos problèmes. [...]

Débarrassons-nous de l'Homme, et nôtre sera le produit de notre travail. C'est presque du jour au lendemain que nous pourrions devenir libres et riches. À cette fin, que faut-il ? Eh bien, travailler de jour et de nuit, corps et âme, à renverser la race des hommes. C'est là mon message, camarades.

George Orwell, *La Ferme des animaux*, 1945.

- À l'issue de la performance, l'orateur et les spectateurs rempliront les grilles d'auto-évaluation.

Orateur	Acquis	En voie d'acquisition	Non acquis
Avoir une attitude et des gestes adaptés.	☐	☐	☐
Avoir une diction claire, un ton et un rythme adaptés.	☐	☐	☐
S'adresser à l'auditoire.	☐	☐	☐

Spectateur	Acquis	En voie d'acquisition	Non acquis
Respecter la place assignée.	☐	☐	☐
Écouter et regarder.	☐	☐	☐
Ne pas rire, interrompre, faire du bruit.	☐	☐	☐

Créer une association

ATELIER D'EXPRESSION ÉCRITE

OBJECTIF

Avec des camarades, vous décidez de fonder une association militante pour que votre lycée change de fonctionnement et devienne écoresponsable. Vous rédigerez votre projet.

ÉTAPE 1 Faire un état des lieux

- Fournir des chiffres et des informations pour montrer le bien-fondé du projet.
- Citer les documents ci-dessous et en rechercher d'autres.
- Localement, prouver que le fonctionnement du lycée pourrait être corrigé.

ÉTAPE 2 Donner du contenu à votre document

- Proposer des changements dans plusieurs domaines.
- S'adresser à tous et impliquer chacun, élèves et adultes.
- Rédiger soigneusement des phrases qui accrochent et qui pourront servir de titre ou de slogan.

ÉTAPE 3 Décider de la forme de communication : lettre, affiche, dépliant...

- Choisir un format, sur un support à votre convenance, papier ou numérique.
- Travailler sur la mise en page, qui permet de mettre en valeur certains éléments et d'améliorer la communication des informations.
- Soigner la réalisation, en vérifiant soigneusement la syntaxe et l'orthographe dans le(s) texte(s).

Acheter les légumes à des producteurs locaux pour confectionner les repas de la cantine.

→ Défendre un point de vue.
→ Adopter des stratégies et des procédés d'écriture efficaces.
→ Vérifier et améliorer la qualité de son texte.

Planter des arbres dans les espaces verts du lycée.

Organiser le ramassage des détritus.

PROJET

Écrivez pour mobiliser vos camarades

Fabriquez un outil de communication à destination de vos camarades et de la communauté éducative : tous les adultes qui travaillent dans l'établissement (les proviseurs et CPE, les professeurs, les surveillants, le personnel qui s'occupe de l'entretien, le personnel médical et social).

	Oui	Peut être amélioré	Conseils
Le document est suffisamment informé.	☐	☐	
Le document est bien rédigé, compréhensible, agréable à lire.	☐	☐	
Le projet est intéressant, et il invite à agir.	☐	☐	
Vous vous sentez concerné(e) et convaincu(e) par ce qui est proposé.	☐	☐	

L'essentiel sur la littérature engagée

Je retiens

- À travers leurs œuvres, les auteurs cherchent parfois à traduire des valeurs de justice, de liberté, de tolérance.
- Dans les textes engagés, on trouve des références directes et explicites (dates, noms propres) ou des allusions à des événements historiques.
- L'engagement des auteurs peut s'exprimer dans des textes de fiction.
- Ces récits sont généralement orientés vers une leçon, une morale. On les appelle des apologues.
- Les artistes qui s'engagent deviennent ce qu'on appelle des intellectuels. Leurs récits, leurs œuvres, leurs analyses aident les citoyens à se forger une opinion.

Je valide mes connaissances

Questions autour de *La Ferme des animaux* de George Orwell

- Comment les personnages sont-ils représentés ?
- Quels éléments de l'histoire montrent que ce texte parle du régime stalinien ?
- Que critique l'auteur ?
- Quelles valeurs le conte défend-il ?

Questions autour du film *Joyeux Noël* de Christian Carion

- Quel épisode de la Grande Guerre le film traite-t-il ?
- En quoi le film témoigne-t-il des combats ?
- Dans l'affiche et dans le film, quelles images montrent que le cinéaste essaie d'émouvoir le spectateur ?
- Le cinéma vous semble-t-il un moyen efficace pour dénoncer la violence de la guerre ?

J'évalue mes compétences

	Maîtrise insuffisante	Maîtrise fragile	Maîtrise satisfaisante	Très bonne maîtrise
Je sais situer un texte dans son contexte.	☐	☐	☐	☐
Je sais caractériser le conte et l'apologue.	☐	☐	☐	☐
Je sais reconnaître les implicites d'un texte.	☐	☐	☐	☐
Je sais identifier et utiliser des paroles rapportées.	☐	☐	☐	☐

PROJET FINAL

Construire une galerie de portraits d'hommes et de femmes dans la Résistance

OBJECTIF

Dans cet atelier, vous allez réunir des portraits de figures de la Résistance de la Seconde Guerre mondiale. Voici les personnalités dont vous aurez à parler.

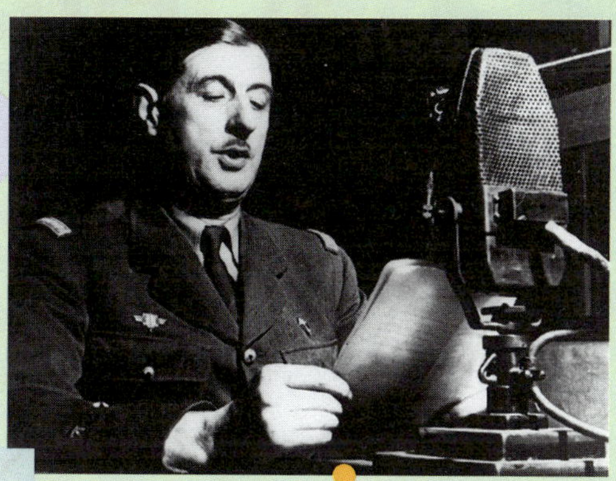

Charles de Gaulle

Louis Aragon

Jean Moulin

Lucie Aubrac

DÉMARCHE

Par groupes de 2 ou 3 élèves, choisissez un personnage dont vous aurez la mission de faire un portrait.

ÉTAPE 1

- Vous devez prendre connaissance de la vie du personnage, en mettant l'accent sur la partie de sa biographie qui concerne les années de guerre.
- Recherchez pour cela des documents de plusieurs natures : textes, images, vidéos.

ÉTAPE 2

- Rédigez une biographie illustrée.
- Les illustrations peuvent être :
– une photo du personnage ;
– des représentations de lieux ou de personnes en lien avec sa vie ;
– un extrait de texte ou de discours écrit par lui ou qui le concerne.

PROJET

Hommes et femmes dans la Résistance

- Regroupez vos textes et les documents sur les diapositives d'un Powerpoint.
- N'oubliez pas de légender soigneusement les documents.
- Présentez-les à la classe.

Questionnement complémentaire

5 Progrès et rêves scientifiques

SOMMAIRE

Compétences

Oral
- Formuler des réactions après lecture d'un texte
- Participer à un débat, exprimer une opinion argumentée

Écriture
- Connaître les genres littéraires pour pratiquer l'écriture d'invention
- Identifier les procédés destinés à étayer une argumentation

Lecture et compréhension de l'écrit
- Repérer les éléments de cohérence d'un texte
- Fréquenter différents genres littéraires
- Lire des textes non littéraires

Langue
- Maîtriser la structure des mots et des néologismes

PROJET

À la fin de ce chapitre, vous écrirez une nouvelle de science-fiction à plusieurs.

Pour préparer ce projet, vous devrez :

- retenir les caractéristiques de la science-fiction (p. 100)
- découvrir différents textes de roman d'anticipation (p. 102 à p. 108)
- construire un discours pour présenter une découverte scientifique (p. 114)
- imaginer une expédition spatiale (p. 116)

Dans *Le Cinquième Élément*, film réalisé en 1997, Luc Besson imagine la vie sur Terre en 2214.

La science-fiction

Isaac Asimov est un auteur américain qui a grandement contribué à populariser le genre de la science-fiction, en publiant des nouvelles qui rapprochent des humains et des robots.

1. Un robot ne peut porter atteinte à un être humain, ni, en restant passif, permettre qu'un être humain soit exposé au danger.

2. Un robot doit obéir aux ordres qui lui sont donnés par un être humain, sauf si de tels ordres entrent en conflit avec la première loi.

3. Un robot doit protéger son existence tant que cette protection n'entre pas en conflit avec la première ou la deuxième loi.

Isaac Asimov, « Cercle vicieux »,
in *Les Robots*, 1942.

Des machines au cœur du récit
Les robots sont des machines qui, dans le roman, sont dotés d'une intelligence.

Les relations complexes entre la science et l'homme
Les romans de science-fiction soulèvent la question difficile du rapport de force entre la science et les hommes.

Une réflexion sur l'homme et la morale
En se projetant dans le futur, le lecteur est invité à s'interroger sur le monde dans lequel il vit.

QUESTIONS

1. Comment sont présentées les phrases dans cet extrait de nouvelle ?

2. Quelle est la fonction des robots dans cette histoire ?

3. Comment voit-on que ce texte essaie d'avoir une méthode scientifique ?

4. Le robot reste-t-il vraiment sous les ordres des humains ?

5. En quoi les robots ont-ils un comportement plus moral que les humains ?

Simone, film d'Andrew Niccol, 2002.

Connaissances

Les caractéristiques de la science-fiction

Avec la Révolution industrielle, de nombreux romanciers fascinés par les découvertes scientifiques s'en emparent pour nourrir les histoires qu'ils racontent. Ainsi naît la science-fiction, avec pour maîtres Jules Verne et H.G. Wells.

➜ DES MACHINES AU CŒUR DES RÉCITS

Le robot est une machine réelle inventée par l'homme pour l'assister dans les tâches les plus ingrates. À l'image de leur perfectionnement continu, les robots des romans sont des objets de plus en plus sophistiqués, de plus en plus intelligents.

➜ LES RELATIONS COMPLEXES ENTRE LA SCIENCE ET L'HOMME

Dans la fiction, les inventions scientifiques sont dotées de fonctions ou de qualités qui leur permettent de rivaliser avec les humains. La science-fiction évoque souvent la crainte de voir la science dominer et asservir l'homme.

➜ UNE RÉFLEXION SUR L'HOMME ET SUR LA MORALE

Les mondes futurs inventés dans la science-fiction sont des miroirs de notre monde et invitent le lecteur à s'interroger sur le présent.

La science en question dans le roman d'anticipation

Philip K. Dick (1928-1982)

Philip K. Dick est un auteur américain de romans et de nouvelles, spécialisé dans le genre de la science-fiction.
Minority Report raconte l'histoire de l'organisation Précrime dont les agents parviennent à arrêter les futurs criminels avant leur passage à l'acte en utilisant trois précogs, des mutants capables de prévoir l'avenir.

1. Spectre : ici, portion temporelle sur laquelle les précogs peuvent exercer leur prescience.

Texte 1 Un monde sans violence ?

Le ministre de la Justice, Danny Witwer, visite les locaux de Précrime et demande à John Anderton, le chef de l'organisation, de lui fournir des explications.

Impressionné, Witwer alla s'immobiliser devant les machines, à l'autre bout de la pièce. Il ramassa une pile de cartes perforées que venait d'expulser une fente.

« Ce sont des noms trouvés par le système ? » questionna-t-il.

– « Manifestement, oui. » Fronçant les sourcils, Anderton lui prit le paquet de cartes. « Je n'ai pas encore eu le temps de les examiner », expliqua-t-il en donnant à son irritation le masque de l'impatience.

Fasciné, Witwer regarda la machine éjecter une nouvelle carte dans le plateau vide. Une deuxième suivit, puis une troisième. Une série de disques bourdonnants éjectaient une carte après l'autre. « Les précogs doivent voir très loin dans l'avenir ! s'exclama Witwer.

– Non, leur spectre[1] est assez limité, rectifia Anderton. Une ou deux semaines au maximum.

Machinalement, Anderton ramassa les nouvelles cartes éjectées par les appareils. « Il ne sera tenu aucun compte de certains de ces noms. Pour le reste, la plupart ne prédisent que des délits mineurs : vols, fraudes fiscales, agressions, chantages. Comme vous le savez certainement, Précrime a réduit la criminalité de quatre-vingt-dix-neuf virgule huit pour cent. Le meurtre ou la trahison sont devenus très rares, puisque le coupable sait que nous allons l'enfermer en camp de détention une semaine avant qu'il puisse commettre son crime.

– À quand remonte le dernier assassinat ?

– Cinq ans, répondit fièrement Anderton.

– Qu'est-ce qui l'a rendu possible ?

– Le criminel a échappé à nos équipes. Nous avions son nom, et même tous les détails du crime, y compris l'identité de la victime. Nous connaissions le moment et le lieu précis de l'acte de violence projeté. Mais le meurtrier a quand même accompli son forfait. » Anderton haussa les épaules. « Nous ne pouvons pas les attraper tous. » Il joua brièvement avec les cartes perforées. « Disons la plupart. »

[...] Witwer déclara pensivement : « C'est une lourde responsabilité.

– En effet. Si nous laissons un criminel s'échapper – comme il y a cinq ans –, nous avons la perte d'une vie humaine sur la conscience. Nous sommes seuls responsables. Une erreur de notre part et quelqu'un meurt. »

Philip K. Dick, *Minority Report*, 1956.

À retenir

D'où vient le mot science-fiction ?
Le mot est né au XIXe siècle, mais il ne s'impose vraiment, dans le monde anglo-saxon, que vers la fin des années 1920. Auparavant, on parlait de « scientifiction » ou de « scientific romance ». En France, il est adopté dans les années 1950. Auparavant, on employait le mot « anticipation ».

JE DÉCOUVRE LE TEXTE

1 Questions pour lire et comprendre

1. Comment l'organisation Précrime procède-t-elle ?

2. Les informations recueillies sont-elles toutes utiles et utilisées ?

3. Qu'est-ce qui prouve l'efficacité de Précrime ?

2 Je fais le bilan

4. Quelle forme de mal Précrime veut-elle supprimer ? Quel autre mal pourrait-elle engendrer ?

JE M'ENTRAÎNE

Langue

➜ Observer, utiliser les paroles rapportées

Transposez les lignes 15 à 18 au discours indirect.

Écriture

➜ Pratiquer l'écriture d'invention

En manipulant les cartes après le départ de Witwer, Anderton s'aperçoit qu'il figure sur l'une d'entre elles. Comment réagit-il ? Rédigez un paragraphe dans lequel vous décrirez ses pensées et la décision qu'il va prendre.

Activité numérique

➜ Présenter une œuvre, un auteur

- Regardez la bande annonce du film *Minority Report* de 2002.
- Qui a réalisé le film ?
- Qui sont les acteurs principaux ?
- De quel type de film s'agit-il ?

Oral

➜ Participer de façon constructive à des échanges oraux

Avec votre voisin(e), demandez-vous s'il est juste d'incarcérer des hommes qui n'ont pas encore commis de crime ou de délit au nom de la préservation de la vie.

- Cherchez tout d'abord la définition des mots « juste » et « injuste » ainsi que la distinction entre « crime » et « délit ».
- Réfléchissez ensuite aux deux positions en identifiant, dans un tableau, les arguments qui permettent de répondre qu'il est juste de les incarcérer et ceux pour lesquels cela vous semble injuste.
- Appuyez-vous, pour chaque argument, sur des exemples de l'actualité.
- Enfin, présentez vos conclusions à la classe.

Lecture d'image

➜ Lire et comprendre une image de série télévisée

1) D'après le texte, qui pourraient être ces deux personnages ?

2) Imaginez les informations que la carte contient.

3) Quelle partie de l'image est éclairée ? Quel est l'effet produit ?

Minority Report, série télévisée de science-fiction en dix épisodes, 2015.

Aldous Huxley (1894-1963)

Aldous Huxley est un écrivain britannique qui s'interroge, dans ses œuvres, sur les progrès scientifiques et les grandes idéologies du XXe siècle. *Le Meilleur des mondes* se déroule dans une société où la reproduction naturelle a disparu, et où des individus identiques sont créés grâce à un procédé génétique.

Texte 2 Des hommes parfaits ?

Le Directeur du Centre d'Incubation et de Conditionnement présente avec fierté son laboratoire à des étudiants.

Un œuf, un embryon, un adulte, – c'est la normale. Mais un œuf bokanovskifié a la propriété de bourgeonner, de proliférer, de se diviser : de huit à quatre-vingt-seize bourgeons, et chaque bourgeon deviendra un embryon parfaitement formé, et chaque embryon, un adulte de taille complète. On fait ainsi pousser quatre-vingt-seize êtres humains là où il n'en poussait autrefois qu'un seul. Le progrès. […]

Mais l'un des étudiants fut assez sot pour demander en quoi résidait l'avantage.

– Mon bon ami ! – Le Directeur se tourna vivement vers lui. – Vous ne voyez donc pas ? Vous ne voyez pas ? – Il leva la main ; il prit une expression solennelle. – Le Procédé Bokanovsky est un des instruments majeurs de la stabilité sociale !

Instruments majeurs de la stabilité sociale.

Des hommes et des femmes conformes au type normal ; en groupes uniformes. Tout le personnel d'une petite usine par le produit d'un seul œuf bokanovskifié.

– Quatre-vingt-seize jumeaux identiques faisant marcher quatre-vingt-seize machines identiques ! – Sa voix était presque vibrante d'enthousiasme.

– On sait vraiment où l'on va. Pour la première fois dans l'histoire.

Il cita la devise planétaire : « Communauté, Identité, Stabilité. » Des mots grandioses. Si nous pouvions bokanovskifier indéfiniment, tout le problème serait résolu.

Résolu par des Gammas du type normal, des Deltas invariables, des Epsilons uniformes. Des millions de jumeaux identiques. Le principe de la production en série appliqué enfin à la biologie.

– Mais, hélas ! – le Directeur hocha la tête, nous ne pouvons pas bokanovskifier indéfiniment.

Aldous Huxley, *Le Meilleur des mondes*, 1932.

À retenir

Qu'est-ce que l'eugénisme ?

Ce mot vient du grec « eu » qui signifie *bien* et de « gennaô » qui signifie *engendrer*. Il désigne donc les méthodes scientifiques qui permettent d'« améliorer » l'espèce humaine : la sélection des parents, des embryons, la modification de certains gènes… Pour certains, c'est une manière d'éviter aux humains des souffrances. Pour d'autres, il s'agit d'établir entre les humains une hiérarchie (ceux qui méritent de vivre et ceux dont la vie serait inutile) qui est inacceptable.

JE DÉCOUVRE LE TEXTE

1 Questions pour lire et comprendre

1. Que permet le Procédé Bokanovsky par rapport à la reproduction naturelle ? Reformulez, avec vos propres mots, sa définition.

2. Qu'éprouve le Directeur lorsqu'il présente la méthode de reproduction ?

3. Recopiez la « devise planétaire » de cette société imaginaire. En vous aidant du dictionnaire, donnez une définition des trois termes qui la composent.

2 Je fais le bilan

4. Quel type de société produit le procédé de reproduction à l'œuvre dans *Le Meilleur des mondes* ? Rédigez un paragraphe argumenté en vous aidant de vos réponses précédentes.

JE M'ENTRAÎNE

Langue

→ Maîtriser la structure et le sens des mots

Bourgeonner, proliférer, diviser.

Expliquez le sens de ces verbes puis formez un nom à partir de chacun d'eux.

Écriture

→ Pratiquer l'écrit, notamment sous une forme numérique

Rédigez trois préceptes en 140 caractères (format tweet) pour inciter au bon usage des technologies.

Activité numérique

→ Pratiquer le compte rendu

L'eugénisme est-il une simple fiction littéraire ?

- Référez-vous à la définition donnée à la page 104.
- Présentez un État qui a déjà pratiqué l'eugénisme en repérant les circonstances de cette pratique, l'époque, le lieu, le type de régime, les raisons de ce choix, les visées et les résultats.
- Composez à partir d'un diaporama (Powerpoint ou Prezi) : diapositive 1 : le titre ; diapositive 2 : la définition ; diapositive 3 : la présentation historique d'un État eugéniste ; diapositive 4 : les exemples de risques d'eugénisme dans nos sociétés contemporaines.
- Commentez votre diaporama à la classe.

Lecture d'image

→ Lire et comprendre une illustration à visée scientifique

1) Que représente cette image ?
2) Qu'est-ce qui donne l'impression d'une reproduction infinie ?
3) Quel lien faites-vous entre le texte et cette image ?

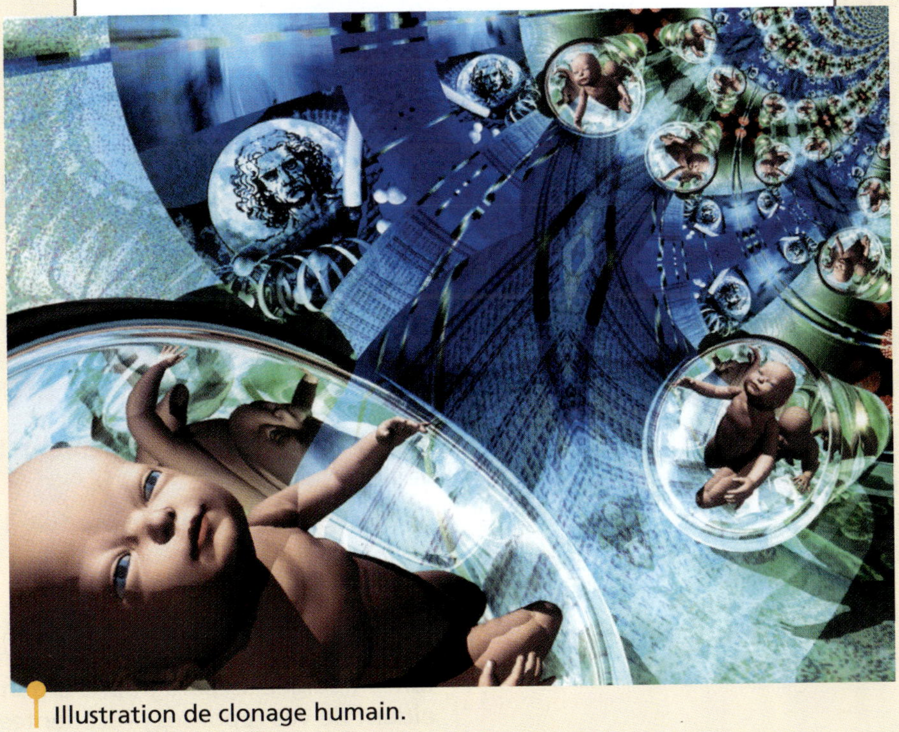

Illustration de clonage humain.

Ira Levin (1929-2007)

Ira Levin est un écrivain new-yorkais qui s'est passionné pour le fantastique, le genre policier et la science-fiction. Dans *Un Bonheur insoutenable*, le monde est occupé par une humanité dirigée par un ordinateur appelé UniOrd. Tout le monde doit y vivre heureux et en bonne santé, grâce à un traitement préventif obligatoire.

À retenir

Qu'est-ce qu'une dystopie ?

Une utopie est un « bon » lieu, dans lequel on aimerait se trouver, alors qu'une dystopie est un « mauvais » lieu. Une dystopie est un récit de fiction qui représente une société dont l'organisation ne permet pas aux individus d'être heureux.

Texte 3 — Imposer le bonheur

Un jour, dans la cour de l'école, le personnage principal LI RM35M4419 apprend qu'il existerait des gens qui refusent de se soumettre à UniOrd pour vivre volontairement dans la misère. On les appelle les Incurables.

– Ils attrapent des animaux, les mangent et s'habillent avec leurs peaux, disait celui qui parlait, un petit garçon de huit ans. Et aussi, ils se… « battent ». Ça veut dire qu'ils se font mal, exprès, avec leurs mains ou bien avec des pierres ou des bâtons. Ils ne s'aiment pas et ne s'aident pas. Pas du tout.

Les quatre enfants l'écoutaient bouche bée. Une petite fille, plus jeune que celui qui avait parlé, dit : « Mais on ne peut pas ôter les bracelets. C'est impossible. » Elle tira sur son propre bracelet avec un doigt, pour montrer la solidité des maillons.

– Si, on peut, si on a les outils qu'il faut, dit le garçon. On l'ôte bien le jour de l'union, non ?

– Oui, mais seulement pour une seconde.

– Peut-être, mais on l'ôte.

– Où vivent-ils ? demanda un autre.

– Au sommet des montagnes. Dans des cavernes. Dans un tas d'endroits où on ne peut pas les trouver.

– Ils doivent être malades, dit la première petite fille.

– Bien sûr ! s'exclama le garçon en riant. C'est pourquoi on les appelle « incurables ». Incurable veut dire malade. Ils sont très, très malades.

Le plus jeune des enfants, un garçon d'environ six ans, dit :

– Ils ne se font pas faire leurs traitements ?

L'autre le regarda avec dédain.

– Sans leurs bracelets ? Dans des cavernes ?

– Mais comment deviennent-ils malades ? demanda celui qui avait six ans. Ils sont traités jusqu'au jour où ils s'en vont !

– Les traitements, affirma l'aîné, ne sont pas toujours efficaces.

Celui qui avait six ans le regarda avec stupéfaction.

– Mais si !

– Mais non !

– Christ ! s'exclama une surveillante en approchant, un ballon de volley sous chaque bras ; vous êtes assis bien près les uns des autres ! À quoi jouez-vous ? Au Lapin caché ?

Les enfants se levèrent promptement, et allèrent former un demi-cercle plus large – sauf le plus jeune, qui ne bougea pas.

Ira Levin, *Un bonheur insoutenable*, 1970.

JE DÉCOUVRE LE TEXTE

1 Questions pour lire et comprendre

1. Qui sont les êtres mystérieux dont parle le garçon de huit ans ?

2. À quoi ces êtres mystérieux ressemblent-ils finalement ?

3. Que signifie le mot « incurable » ? De quoi veut-on guérir ces enfants ?

4. Quelles réactions ont les enfants lorsque la surveillante arrive ?

5. Quelle impression cela produit-il ?

2 Je fais le bilan

6. En quoi ce monde où l'on cherche à rendre les enfants heureux est-il finalement très inquiétant ? Rédigez un paragraphe argumenté en vous aidant de vos réponses précédentes.

JE M'ENTRAÎNE

Langue

➜ Maîtriser le fonctionnement du verbe et son orthographe

« Ils attrapent des animaux, les mangent et s'habillent avec leurs peaux. »

Réécrivez cette phrase au passé composé et justifiez l'accord des participes passés.

Écriture

➜ Pratiquer l'écriture d'invention

« L'enfant se réveille le lendemain toujours préoccupé par l'existence des incurables.
Il décide donc de partir à leur rencontre pour comprendre les raisons de leur mise à l'écart de la Famille. »

Rédigez le dialogue de l'enfant avec un incurable. Pensez aux questions que pourrait poser l'enfant à chaque réponse de l'incurable afin de produire un dialogue qui progresse.

Activité numérique

➜ Faire partager son point de vue

Cherchez sur Internet un proverbe russe, un proverbe chinois et un proverbe français sur le bonheur. Copiez-les dans un document Word. Puis expliquez à la classe lequel vous préférez et pour quelles raisons.

Oral

➜ Exprimer une opinion argumentée

En groupe, réfléchissez à ce qui peut entraver le bonheur de l'être humain. Vous vous appuierez sur des exemples précis. Puis un rapporteur présentera votre réflexion à la classe.

Lecture d'image

➜ Lire et comprendre un tableau figuratif

1) Que font les enfants dans ce tableau ? Quelle impression se dégage de leurs activités ?

2) Quelles sont les couleurs dominantes du tableau ?

3) Comparez ce tableau et le texte en notant les points communs et les différences.

Andrew Macara, *Les enfants se balancent*, 1996.

Jean-Marc Lemaître (né en 1963)

Jean-Marc Lemaître est biologiste, directeur de recherche à l'Inserm (Institut national de la santé et de la recherche médicale) à Montpellier où il conduit une équipe qui s'intéresse aux mécanismes du vieillissement. Il se définit lui-même comme un optimiste. Son objectif ? Qu'on vive le plus longtemps possible en bonne santé.

Texte 4 Le refus de vieillir

Avec ses équipes, le biologiste Jean-Marc Lemaître est parvenu à faire rajeunir des cellules-souches centenaires. Dans cet entretien paru dans le journal Libération, *il explique que ces découvertes sont porteuses d'espoirs pour l'avenir.*

Même si l'immortalité fait partie de l'imaginaire de chacun et a animé bon nombre d'aventuriers dans l'histoire, il y a de grandes chances qu'elle ne reste que virtuelle… Cela n'empêche pas les chercheurs de travailler à effacer certains effets néfastes du vieillissement. C'est un des grands enjeux de la médecine. […]

Travailler sur le vieillissement, c'est aussi essayer de comprendre comment nos cellules et nos tissus se détériorent avec le temps, et de développer des stratégies pour en freiner les effets. Les pistes de recherches sont multiples. Elles vont de la recherche des gènes qui contrôlent la vitesse à laquelle nous vieillissons, jusqu'à la compréhension des processus qui altèrent la régénération de nos tissus.

Depuis que mon équipe a démontré que le vieillissement cellulaire était réversible en reprogrammant des cellules de centenaires en cellules souches de type embryonnaire, notre objectif est de produire ce type de « cellules reprogrammées » pour les utiliser en thérapie, comme des cellules médicaments. Nous voulons aussi corriger certaines pathologies du vieillissement où une détérioration ou un déficit cellulaire est en jeu. Ces cellules reprogrammées peuvent être différenciées en n'importe quel type de cellule de l'organisme (cellule de cœur, de foie, de peau ou même en neurone) et réparer des tissus ou reconstruire des organes.

Implanter une prothèse de hanche pour diminuer la souffrance et redonner la mobilité à une personne âgée, greffer un cœur ou réparer un organe défaillant en raison du vieillissement permettra probablement d'augmenter la longévité, mais en meilleure santé. Est-ce discutable ?

Jean-Marc Lemaître, « Mon métier : lutter contre le vieillissement »,
Libération, 13 novembre 2013.

À retenir

Pourquoi la médecine s'intéresse-t-elle aux cellules souches embryonnaires ?

« Issues de l'embryon à un stade très précoce de son développement, les cellules souches embryonnaires sont douées de deux capacités importantes : celle de se multiplier à l'infini, par simple division, et celle de donner naissance à tous les types de cellules de l'organisme.» (définition de l'Inserm, www.inserm.fr/) Elles sont donc une source d'espoirs considérables pour régénérer des organes malades ou pour soigner des maladies génétiques.

JE DÉCOUVRE LE TEXTE

1 Questions pour lire et comprendre

1. Qui s'exprime dans ce texte ?

2. Quelle découverte fondamentale l'équipe du professeur Lemaître a-t-elle faite ?

3. Jean-Marc Lemaître cherche-t-il à rendre les hommes immortels ? Justifiez votre réponse.

4. Quels types d'interventions le professeur Lemaître prévoit-il pour améliorer la vie des personnes âgées ?

5. Pourquoi les recherches du professeur Lemaître pourraient-elles être discutables ?

2 Je fais le bilan

6. La vieillesse est-elle une maladie ? Rédigez un paragraphe argumenté en vous aidant de vos réponses précédentes.

JE M'ENTRAÎNE

Langue

→ Connaître le fonctionnement de la phrase complexe

« Depuis que mon équipe a démontré que le vieillissement cellulaire était réversible en reprogrammant des cellules de centenaires en cellules souches de type embryonnaire, notre objectif est de produire ce type de "cellules reprogrammées" pour les utiliser en thérapie, comme des cellules médicaments. »

Transformez cette phrase complexe en trois phrases simples sans en modifier le sens.

Écriture

→ Argumenter pour faire adopter un point de vue

Voudriez-vous être immortel(le) ? Pesez bien le pour et le contre avant de répondre à cette question dans un paragraphe de cinq à dix lignes.

Oral

→ Participer de façon constructive à des échanges oraux

- Avec votre voisin, recherchez des découvertes scientifiques qui vous semblent positives et d'autres qui vous semblent néfastes.
- Classez-les ensuite dans un tableau et défendez oralement votre point de vue.

Activité numérique

→ Pratiquer le compte rendu

- Recherchez des images, des vidéos et des articles sur les découvertes dont parle le professeur Lemaître à partir des mots-clés suivants : « cellules souches embryonnaires », « cellules reprogrammées » et « cellules médicaments ».
- Présentez-les à la classe.

Lecture d'image

→ Lire et comprendre une image

1) Que représente cette image ? Est-elle réaliste ?

2) Quel message cette image véhicule-t-elle ?

3) Quel lien pouvez-vous faire entre l'article et cette image ?

Les âges de la vie.

La libération de l'Homme grâce aux robots

Lars Lundström, *Real Humans*, 2012-2014

La série *Real Humans : 100 % humains* raconte l'histoire d'une famille suédoise – les Engman – qui s'achète un hubot (robot humanoïde) domestique. Compagne des enfants, aide à domicile, confidente et assistante, Mimi, robot féminin, permettra-t-il à la famille de vivre plus heureuse ? Et si Mimi aspirait à dépasser son statut de robot ?

La livraison de Mimi

Monsieur Engman a acheté un robot domestique pour sa famille. Mimi est livrée dans sa boîte.

QUESTIONS

1. À quoi voit-on que Mimi est un robot ?

2. Vous semble-t-elle plus proche d'un être humain ou d'une machine ? Justifiez votre réponse.

3. Qu'est-ce que la mention « FRAGILE » permet de souligner ?

La famille Engman et son robot domestique

Les Engman ont trois enfants : une fille aînée, un fils adolescent et la cadette. Mme Engman est avocate. Elle est très accaparée par sa vie professionnelle.

QUESTIONS

1. Observez les six personnages. Que peut-on imaginer des relations au sein de la famille ?

2. À quoi peut-on deviner que Mimi n'est pas un être humain ? En quoi est-elle différente des autres personnages (posture, direction du regard, expression du visage) ?

3. Mimi porte-t-elle la tenue dans laquelle elle a été livrée à la famille Engman ? Qu'en déduisez-vous ?

4. Quelles semblent être les activités de Mimi dans le cadre familial ?

SOCLE Compétences
→ Lire et comprendre des images empruntées au cinéma.
→ Reconnaître les implicites d'une œuvre.

Au travail, des robots pour remplacer les êtres humains ?

Mimi est un robot domestique mais l'entreprise qui la commercialise vend aussi des robots ouvriers qui ont remplacé les humains dans les usines.

QUESTIONS

1. Observez les personnages. En quoi sont-ils semblables ? En quoi sont-ils différents ?
2. À quoi voit-on que ce sont des robots ?
3. En quoi cette image est-elle inquiétante ?

Mimi s'émancipe

Aidée par le fils du savant qui a conçu les hubots, Mimi s'émancipe et tente de devenir un être humain.

QUESTIONS

1. À quoi voit-on que Mimi a changé ?
2. Qu'est-ce qui montre qu'elle est pourtant toujours une machine ?
3. Quelles découvertes laissent penser que les robots pourraient se rapprocher des êtres humains ?

Écriture

Les robots peuvent-ils aider les hommes à vivre plus heureux ? Répondez dans un paragraphe de cinq à dix lignes.

Activité numérique

Cherchez la bande annonce de *Real Humans* sur Internet. Regardez-la et faites la liste des thèmes qu'aborde la série.

Des mots pour s'interroger sur le progrès scientifique

OUTILS

OBJECTIF

Vous apprendrez à connaître précisément le sens du mot « science » et à comprendre les questions liées à la notion de progrès.

1 Je comprends le mot « science » et je connais différents domaines scientifiques

1. Voici une définition de la science (Larousse) :

> « Un ensemble cohérent de connaissances relatives à des catégories de faits, d'objets ou de phénomènes obéissant à des lois et / ou vérifiés par des méthodes expérimentales. »

a. « Obéissant à des lois »

Cherchez dans le dictionnaire le sens du mot « loi » qui convient.
Puis donnez deux exemples de « lois » scientifiques que vous connaissez.

b. « Vérifiés par des méthodes expérimentales »

Quelles sciences, étudiées au collège, utilisent des méthodes expérimentales ?

2. À l'aide des étiquettes suivantes, fabriquez des noms de science qui existent.
Vous pouvez ensuite inventer de nouveaux mots.

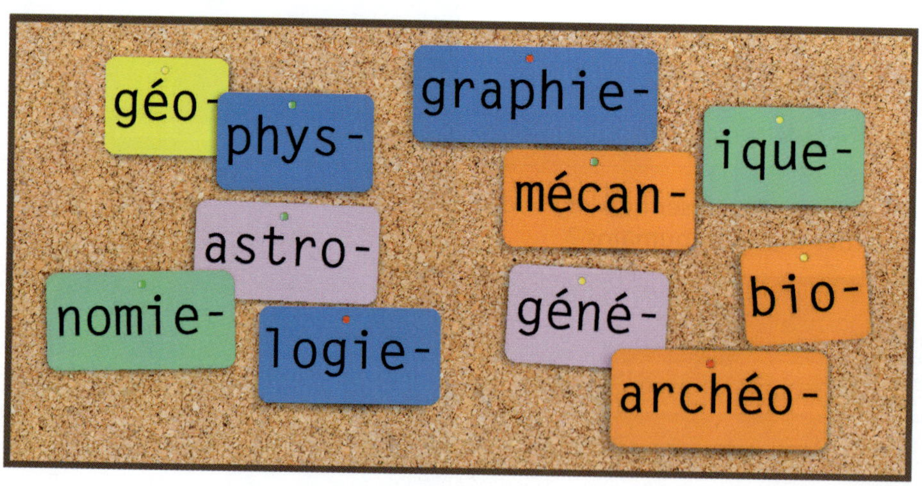

SOCLE Compétences
→ Maîtriser la structure et le sens des mots.
→ S'exprimer de façon maîtrisée à l'oral et à l'écrit.

2 J'apprends des mots pour parler du progrès

3. Pour comprendre les différentes significations du verbe « progresser », reliez chaque phrase aux verbes qui pourraient le remplacer dans ce contexte.

1. Depuis l'espace, on s'aperçoit que la désertification progresse. •	• a. croître
2. Cet élève progresse. •	• b. avancer
3. Le soleil progresse dans le ciel. •	• c. s'améliorer
4. On lit sur son visage que la maladie progresse. •	• d. évoluer
	• e. se développer
	• f. augmenter

4. Parmi les mots suivants, cochez les antonymes (les contraires) de « progrès ».

a. Immobilité ☐	f. recul ☐	k. aggravation ☐	p. croissance ☐
b. extension ☐	g. décadence ☐	l. accroissement ☐	q. arrêt ☐
c. processus ☐	h. dégénérescence ☐	m. essor ☐	r. diminution ☐
d. déclin ☐	i. propagation ☐	n. perfectionnement ☐	s. stagnation ☐
e. régression ☐	j. décroissance ☐	o. ascension ☐	t. déchéance ☐

5. L'histoire humaine est marquée par des inventions techniques. Réfléchissez collectivement aux changements qu'ont pu introduire dans la vie des hommes les inventions suivantes : la maîtrise du feu, la roue, le bateau, la boussole, le verre optique, l'imprimerie, la machine à vapeur…

Écriture collective

Interrogez-vous sur le progrès

Rédigez un texte argumenté pour répondre à la question suivante :
Le progrès scientifique et technique est-il toujours un progrès pour l'homme ?

→ **Étape 1.** Prenez un exemple de progrès scientifique ou technique de votre choix. Dans un tableau à deux colonnes, faites la liste de ses avantages et de ses inconvénients.

→ **Étape 2.** Rédigez deux paragraphes (avantages / inconvénients).

→ **Étape 3.** Écrivez une phrase de conclusion pour donner votre avis.

Utilisez les exercices que vous venez de réaliser pour nourrir votre réflexion, les textes étudiés dans le chapitre, votre expérience personnelle.

ATELIER D'EXPRESSION ORALE

Construire un discours pour présenter une découverte scientifique

OBJECTIF

Dans cet atelier, vous allez apprendre à exposer une découverte scientifique de manière pédagogique. À l'issue de votre présentation, vos camarades doivent avoir bien compris.

ÉTAPE 1 Connaître son sujet

Recherchez des documents, lisez des textes, regardez des vidéos. Prenez votre temps : vous devez avoir parfaitement compris pour pouvoir à votre tour donner des explications claires.

ÉTAPE 2 Rassembler des informations biographiques sur le scientifique qui a fait la découverte

Indiquez les dates de la découverte, mais aussi le contexte historique, géographique, culturel, économique dans lequel elle se situe.

ÉTAPE 3 Décrire l'expérience

Avec rigueur, énoncez les différentes étapes de l'expérience et de la découverte, si nécessaire en illustrant votre exposé d'images ou de dessins.

ÉTAPE 4 Expliquer l'utilité et l'intérêt de la découverte

Montrez quelles ont été les conséquences de cette découverte pour l'humanité. Montrez aussi les éventuels dangers que cette invention présente.

L'Histoire de l'électricité, 2011. Film documentaire réalisé par la BBC et repris par Arte.

SOCLE Compétences
- → Pratiquer le compte rendu.
- → Utiliser de manière efficace les documents servant de support à l'exposé.

L'Histoire de l'électricité, 2011.
Film documentaire réalisé par la BBC et repris par Arte.

PROJET

Eureka ! Exposez une découverte scientifique majeure

- Composez un exposé oral sur une découverte importante. Cela peut être une découverte technique ou technologique comme celle de l'électricité ou de la bicyclette, ou une découverte médicale comme celle d'un vaccin ou de méthodes de procréation.
- Vous situerez correctement cette découverte dans le temps et dans son contexte géographique et politique.
- Les autres élèves évalueront la clarté de l'exposé grâce à la grille suivante.

	Oui	Peut être amélioré	Conseils éventuels
L'inventeur est bien présenté.	☐	☐	
La découverte est expliquée avec clarté et méthode.	☐	☐	
Vous seriez capable de l'expliquer à votre tour.	☐	☐	

Imaginer et raconter une expédition spatiale

ATELIER D'EXPRESSION ÉCRITE

OBJECTIF

Dans cet atelier, vous imaginez un texte de science-fiction qui raconte une expédition spatiale. Votre récit devra présenter un objet qui n'existe pas (encore).

TEXTE MODÈLE

« Barbicane s'était dit, non sans raison, que nul ressort ne serait assez puissant pour amortir le choc, et [...] il avait fini par résoudre cette grande difficulté d'une ingénieuse façon. C'est à l'eau qu'il comptait demander de lui rendre ce service signalé. Voici comment.

Le projectile devait être rempli à la hauteur de trois pieds d'une couche d'eau destinée à supporter un disque en bois parfaitement étanche, qui glissait à frottement sur les parois intérieures du projectile. C'est sur ce véritable radeau que les voyageurs prenaient place. »

Jules Verne, *De la Terre à la Lune*, 1865.

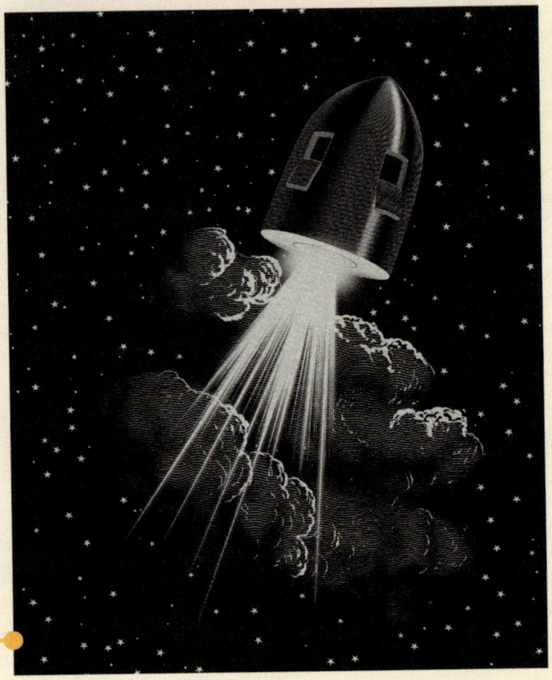

Fusée de Jules Verne.

ÉTAPE 1 Représenter le vaisseau

- Décrire le vaisseau en insistant sur l'aspect scientifique. Le lecteur doit avoir le sentiment de découvrir un engin spatial.
- Ne pas hésiter à donner des caractéristiques techniques : dimensions, matériaux employés, fonction, puissance…

ÉTAPE 2 Imaginer un héros ou une héroïne

- Faire un portrait physique et moral du héros ou de l'héroïne.
- Ajouter des indications sur ce que pensent ou ressentent les personnages.

ÉTAPE 3 Écrire une première version de l'histoire

- Rédiger un premier jet du récit qui contiendra les principaux éléments de l'action.
- Prendre garde à bien situer les péripéties dans le temps.
- Soigner la cohérence de l'histoire : tout doit être compréhensible.
- Essayer de ménager du suspense.

ÉTAPE 4 Ajouter des descriptions de lieux

Pour éveiller l'imagination du lecteur : des formes, des couleurs, des sensations (vue, odeurs, toucher).

Arrivée de l'ATV (Automated Transfer Vehicle) vers l'ISS, 2005.
Ce photomontage présente l'ISS (Station spatiale internationale), qui avec 110 mètres de long, est le plus grand objet placé en orbite terrestre et qui héberge six spationautes.

Edwin Aldrin marchant sur la Lune, lors de la mission Apollo 11, le 20 juillet 1969.

PROJET

Écrivez comme un romancier

L'ensemble de la classe lira toutes les histoires et chaque élève votera pour celle qu'il préfère.

	Oui	Peut être amélioré	Conseils
Il s'agit d'un récit de science-fiction.	☐	☐	
Les personnages semblent vivants, on connaît leurs pensées.	☐	☐	
On peut, grâce aux descriptions, se représenter les lieux.	☐	☐	
L'histoire est cohérente, il n'y a rien d'illogique ou d'incompréhensible.	☐	☐	

L'essentiel sur la science-fiction

Je retiens

- Le mot science-fiction est apparu au début du XXe siècle pour donner un nom à un genre apparu au XIXe siècle. Ce genre s'est beaucoup développé au XXe et XXIe siècle dans le roman, le cinéma, la télévision, la bande dessinée.
- La science-fiction se fonde sur des avancées scientifiques réelles que l'imagination des auteurs projette dans le futur.
- Le récit de science-fiction transporte le lecteur dans un monde nouveau, et exerce un pouvoir très fort sur son imagination.
- En représentant des mondes futurs, la science-fiction oblige le lecteur à réfléchir à ce qu'est l'homme et à ce qu'il pourrait devenir.
- La science « réelle », en se développant, ressemble parfois à de la science-fiction.

Je valide mes connaissances

Questions autour des textes

- « La science-fiction, c'est... » : rédigez quatre phrases proposant une définition.
- Dans quelle mesure la science fiction s'appuie-t-elle sur des découvertes scientifiques ?
- Dans chacun des textes, en quoi l'auteur réfléchit-il à la condition humaine (la naissance, la vie, la mort, la morale, ...) ?
- Lequel des textes lus vous a le plus intéressé, et lequel vous a le moins intéressé ?

Questions autour de la série *Real Humans*

- Qui est le personnage principal de la série ?
- Comment, dans la série, le monde des humains et celui des robots sont-ils associés ?
- Comment le robot évolue-t-il dans la série ?

J'évalue mes compétences

	Maîtrise insuffisante	Maîtrise fragile	Maîtrise satisfaisante	Très bonne maîtrise
Je sais identifier le genre de la science-fiction.	☐	☐	☐	☐
J'ai appris à réfléchir sur des sujets de société présents dans les textes de science-fiction.	☐	☐	☐	☐
Je sais lire des images empruntées à la science-fiction.	☐	☐	☐	☐
Je comprends le lien entre la science et la science-fiction.	☐	☐	☐	☐

PROJET FINAL

Écrire une nouvelle de science-fiction

OBJECTIF

Dans cet atelier, vous allez écrire à plusieurs un court récit de science-fiction.

L'homme augmenté est un être humain qui bénéficie de dispositifs technologiques sophistiqués visant à modifier ses facultés : un homme sans sommeil, voyant dans la nuit, ou encore capable de mettre son cerveau directement en relation avec Internet.

- Vous allez écrire par groupe de trois un récit de science-fiction sur le thème : l'homme augmenté et son robot.
- Commencez par réaliser les activités préparatoires.
- Rédigez chacun un chapitre de votre nouvelle.

ACTIVITÉ 1 Imaginez que vous êtes un homme ou une femme augmenté(e)

Un scientifique vous propose de disposer d'une faculté intellectuelle ou physique « augmentée » grâce à la technologie. Que choisiriez-vous ? Présentez votre nouvelle faculté améliorée et perfectionnée en la décrivant puis en expliquant les avantages qu'elle vous offre désormais (au moins trois avantages).

ACTIVITÉ 2 Décrivez la vie avec votre robot

- Vous disposez désormais d'un robot qui réalise toutes les tâches qui vous rebutent.
- Votre robot dispose de la faculté de parler et de penser. Un jour, il se confie à vous. Imaginez les sentiments qu'il ressent et la vision qu'il a de l'Homme.
- Rédigez le dialogue qui se tient entre lui et vous en une dizaine de lignes.

ACTIVITÉ 3 Inventez des problèmes engendrés par votre robot

À votre retour du lycée, vous découvrez que votre robot dispose d'une caméra connectée à un réseau de vidéo surveillance national.

- Comment réagissez-vous ? Que décidez-vous de faire ?
- Notez cinq verbes et cinq sentiments qui caractérisent cet instant.
- Rédigez ensuite un tract que vous diffuserez à vos camarades pour les mettre en garde contre l'usage des robots domestiques.

PROJET

Écrire à plusieurs un récit de science-fiction

- Pour mettre au point votre récit de science-fiction, suivez le plan indiqué :

Chapitre 1 : Le personnage raconte son quotidien d'homme ou de femme augmenté(e).

Chapitre 2 : Le personnage dialogue avec son robot qui lui fait part de ses revendications.

Chapitre 3 : Le personnage découvre que son robot le surveille. Expliquez comment il réagit.

Grammaire

Mettre un nom au pluriel

Pour mettre un nom singulier au pluriel, on lui ajoute généralement un « s » : *une rue/des rues*. Il y a cependant quelques particularités.

▶ Sept noms terminés par « ou » prennent un « x » au pluriel : ***brou, chou, caillou, genou, hibou, pou, joujou***.

▶ Sept noms terminés par « ail » se finissent par « aux » au pluriel : ***bail, corail, émail, soupirail, travail, vantail, vitrail***.

▶ Les noms terminés par « al » se finissent par « aux » pluriel (*journal/journaux*) sauf huit noms qui prennent un « s » : ***bal, carnaval, cérémonial, chacal, festival, pal, récital, régal***.

▶ Les noms terminés par « au », « eau », « eu » prennent un « x » au pluriel (*eau/eaux*), sauf cinq noms qui prennent un « s » : ***bleu, émeu, landau, pneu, sarrau***.

▶ Les noms terminés par s, z, x ne changent pas au pluriel (*un nez/des nez*).

Exercice 1 *

Recopiez et complétez les noms inachevés par : *eux, eus, oux* ou *ous*.

1. La coiffeuse lui coupe les chev… demain.
2. Le menuisier trie les cl… .
3. Les pn… de la voiture sont usagés.
4. Le cycliste s'est éraflé les gen… sur les caill… .
5. À la Saint-Jean, on allume de grands f… .

Exercice 2 *

Mettez les mots de la liste au pluriel et placez-les dans les phrases après les avoir recopiées.

Liste : *carnaval, central, fou, gaz, hibou.*

1. Certains … explosent au contact de l'air.
2. Les … tournent leur tête à 180°.
3. Les … sont nombreux dans cette région.
4. Les … téléphoniques sont tombés en panne.
5. On les a pris pour des … .

Exercice 3 *

Recopiez les phrases en complétant les noms correctement.

1. Cette péniche a navigué sur tous les can… .
2. Ces festiv… sont réputés.
3. Les vitr… ont été remplacés.
4. Il aime les gros chand… tricotés à la main.
5. Elle nous donne les dét… du voyage.
6. Les trav… seront entrepris rapidement.

Accorder un adjectif

Le féminin de l'adjectif se forme généralement en ajoutant un « e » au masculin : *joli/jolie*. Il y a cependant quelques particularités.

▶ Pour les adjectifs en « el », « eil », « en », « on », on double la consonne finale (*réel/réelle*).

▶ Pour les adjectifs en « et », on double la consonne finale (*fluet/fluette*), sauf pour huit adjectifs qui font leur féminin en « ète » : ***complet, concret, désuet, discret, inquiet, replet, incomplet, secret***.

▶ Pour certains adjectifs, on modifie la lettre finale (*neuf/neuve, mou/molle*).

▶ Le pluriel de l'adjectif se forme généralement en ajoutant « s » au singulier (*petit/petits*).

▶ Les adjectifs en « al » se terminent par « aux » au pluriel (*égal/égaux*), sauf neuf adjectifs qui prennent toujours un « s » au pluriel : ***bancal, banal, fatal, final, glacial, natal, naval, tonal, tribal***.

▶ Les adjectifs en « eau », « eu » prennent un « x » au pluriel (*beau/beaux*).

▶ Les adjectifs terminés par « s » ou « x » ne changent pas au pluriel (*doux/doux*).

Exercice 1 *

Mettez ces adjectifs au féminin et replacez-les dans les phrases après les avoir recopiées : *inquiet, moyen, muet, curieux, furieux*.

1. Le héros a vécu une … aventure.
2. L'automobiliste roule à une vitesse … de 90 km/h.
3. Elle est … comme une carpe.
4. La voyageuse est … car le train est en retard.
5. La cliente est … d'avoir été trompée.

Exercice 2 *

Recopiez les phrases et complétez les adjectifs au pluriel.

1. Les coups du joueur d'échecs sont géni… .
2. En hiver, les vents sont glaci… .
3. À 40 ans, ses cheveux étaient déjà gri… .
4. Le couturier présente ses nouv… modèles.
5. Les résultats fin… paraîtront demain.

Exercice 3 *

Recopiez les phrases en accordant les adjectifs.

1. Les formulaires sont incomplet… .
2. Les apprentis ont fourni des documents origin… .

Choisir « i », « is » ou « it » à la fin d'un verbe

▶ « i » est la terminaison du participe passé des verbes du 2e groupe (*finir…*) et de certains verbes du 3e groupe (*partir…*).

▶ « is » est la terminaison du participe passé de certains verbes du 3e groupe (*comprendre…*). Pour savoir si un participe passé au singulier se termine par « i » ou « is », on le met au féminin. Si ce féminin est en « ise », le participe passé est en « is ».

→ *Le théorème est compris.*
La leçon est comprise.

▶ « it » est la terminaison de la 3e personne du présent et du passé simple des verbes du 2e groupe. C'est également la terminaison de la 3e personne du passé simple de certains verbes du 3e groupe. Pour savoir si on emploie « i » ou « it », on change de personne. Si la terminaison du verbe change, on emploie « it ».

→ *Il nous servit rapidement.*
Ils nous servirent rapidement.

Exercice 1 *

Indiquez le groupe et le participe passé des verbes de la liste suivante.

Liste : *rougir, bouillir, sentir, haïr, mettre, acquérir, prendre, affaiblir, tressaillir, durcir, éclaircir, enfouir, servir, surprendre, établir, fleurir, gémir, apprendre, conquérir.*

Exercice 2 *

Remplacez les pointillés par « i » ou « it ».

1. Le journaliste suiv… la course de très près.
2. Les spectateurs ont suiv… le départ des bateaux.
3. Le randonneur a pr… le temps d'observer le paysage.
4. Endolor…, le coureur n'en f… pas plus.
5. Garn… de fruits, cette pâtisserie les réjou… .
6. Ce qu'il découvr… était si horrible, qu'il en pâl… et en frém… encore.

Exercice 3 *

Dans le texte ci-dessous, il y a deux fautes. Relevez-les et corrigez-les.

Cassian s'est prit de passion pour son métier. En quelques semaines, il est passé des tâtonnements de l'amateur à un professionnalisme si exigeant que le vieux Hans lui-même en a pâlit.

Francis Berthelot, *Rivages des intouchables*, Éd. Denoël, 1990.

Choisir « é », « er » ou « ait » à la fin d'un verbe

▶ « é » est la terminaison du participe passé des verbes du 1er groupe.

▶ « er » est la marque de l'infinitif des verbes du 1er groupe. Un infinitif est invariable. Pour savoir si un verbe se termine par « é » ou « er », on le remplace par un verbe du 3e groupe (*prendre, vendre…*). Si ce verbe se met à l'infinitif, on écrit « er », sinon on écrit « é » (*Il a acheté des fruits. Il a vendu des fruits.*).

▶ « ais », « ait » et « aient » sont des terminaisons de l'imparfait. Pour savoir si on met « é » ou « ais » (« ait », « aient ») à la fin d'un verbe, on le remplace par un verbe du 3e groupe. Si ce verbe se met à l'imparfait, on écrit « ais », « ait » ou « aient », selon le sujet (*Il achetait. Il vendait*).

Exercice 1 *

Recopiez les phrases et remplacez les pointillés par « é », « ée », « es », « ées » ou « er ».

1. Sylvie a aim… ce genre de musique.
2. C'est à prendre ou à laiss… .
3. Elle a essay… de le rassur… .
4. Il a heurt… les véhicules masqu… par la pluie.

Exercice 2 *

Recopiez les phrases en complétant les pointillés par « é », « es », « er », « a/s », « ait » ou « aient ».

1. Le soir, émerveill…, ils regard… le ciel.
2. Elles ont et… surprises par la pluie.
3. Ce logiciel permett… de calcul… rapidement.
4. Tu expliqu… qu'elles sembl… épuis… .

Exercice 3 *

Expliquez la terminaison du verbe « déclarer » dans ce titre du film.

Choisir « se/ce », « on/ont », « ma/m'a »

▶ « se » s'écrit « se » devant les verbes pronominaux. En conjuguant le verbe à une autre personne on peut remplacer « se » par « me » ou « te ».
→ *Il se voit/Je me vois, tu te vois…*
On écrit ce dans les autres cas.
→ *Ce qu'il dit est stupéfiant.*
▶ « Ont » est le verbe avoir à la 3e personne du pluriel, au présent. « Ont » s'écrit « ont » quand on peut le remplacer par « avaient ».
→ *Ils ont gagné./Ils avaient gagné.*
▶ « On » est un pronom. On peut le remplacer par « nous ».
→ *On est ici./Nous sommes ici.*
▶ « Ma » est un adjectif possessif. On peut le remplacer par « ta » ou « sa ».
→ *Voici ma voiture./Voici sa voiture.*
▶ « M'a » est le pronom « m' » (« me ») suivi du verbe « avoir ». En conjuguant le verbe à une autre personne, on peut le remplacer par « t'a »
→ *Il m'a donné un disque./Il t'a donné un disque.*

Exercice 1 *

Recopiez les phrases en les complétant par « se », « s' », « ce », « ma » ou « m'a ».

1. … sont les livres qu'il … offerts.
2. Mes amis … sont bien amusés au cours de … soirée d'anniversaire.
3. … qu'il … avoué … profondément choqué et a heurté … conscience.
4. Le sprinter … est calé dans les starting-blocks et … demandé de le photographier.

Exercice 2 *

Complétez par « ont » ou « on » chacune des phrases suivantes.

1. … errait un peu au hasard.
2. Ils … erré un peu au hasard.
3. Ils … manifesté de l'intérêt pour son invention.
4. … a annoncé un temps maussade pour aujourd'hui.
5. Néanmoins, ils en … prévu très exactement les conséquences.

Accorder un verbe

▶ Le verbe s'accorde avec son sujet.
▶ Pour trouver le sujet, on pose la question : « Qui est-ce qui… ? » ou « Qu'est-ce qui… ? ».
→ *Cet album leur plaît./Qu'est-ce qui leur plaît ?* « Cet album » est le sujet du verbe « plaire ».
▶ Un mot peut s'intercaler entre le sujet et le verbe. Il ne faut pas confondre ce mot.
→ *Elle les voit.* Sujet : « elle » et non « les ».
▶ Quand le sujet est le pronom « qui », on cherche quel mot il remplace. Le verbe s'accorde avec ce mot.
→ *Il achète les disques qui lui plaisent.*
« Qui » est mis pour « disques. »

Exercice 1 *

Associez chaque sujet au verbe qui lui convient.

Ils	ne m'écoutes pas.
Je	augmenteront l'an prochain.
Vous	connais bien ce quartier.
Les tarifs	prendront le dernier avion.
Ce film	aimons ce sport.
Tu	est spectaculaire.
Nous	semblez malade.

Exercice 2 *

Recopiez les phrases en accordant les verbes entre parenthèses au temps indiqué.

1. Ils les (photographier). *(présent)*
2. Où les (inviter)-il ? *(futur)*
3. Cette carte leur (montrer) des itinéraires. *(imparfait)*
4. Si tu les (appeler), préviens-moi. *(présent)*
5. Ces films la (passionner). *(passé simple)*

Exercice 3 *

Réécrivez ce texte en mettant au pluriel les mots soulignés. Faites toutes les modifications nécessaires.

Nous suivîmes un passage étroit et franchîmes une porte latérale. À l'intérieur il y avait un petit <u>corridor</u> qui se terminait par une <u>porte</u> en fer très massive. Celle-ci, qui fut également ouverte, donnait au bas d'un <u>escalier</u> de pierre en colimaçon qui aboutissait à une autre porte formidable. M. Merryweather l'ouvrit encore, puis s'arrêta pour allumer une lanterne. Il nous fit ensuite descendre un <u>couloir</u> sombre qui sentait la terre.

Conan Doyle, *L'Association des hommes roux*,
Éd. André Martel, 1947.

Accorder un participe passé avec « être » ou un verbe d'état

▶ Le participe passé conjugué avec « être » s'accorde généralement en genre et en nombre avec le sujet du verbe.
→ *Elle est venue rapidement.*

▶ Le participe passé employé avec un verbe d'état (*sembler, paraître, rester, se sentir*...) :
- s'accorde avec le sujet du verbe quand il est attribut. → *Ces vêtements paraissent usagés* (« usagés » est attribut du sujet « ces vêtements »).
- s'accorde avec le COD, s'il est attribut du CDD.
→ *Il réécrit les phrases qui lui semblent mal tournées* (« tournées » est attribut du COD « les phrases »).

▶ Le participe passé employé avec un verbe pronominal s'accorde généralement avec le sujet.
- Si le verbe est suivi d'un COD, il n'y a pas d'accord. → *Ils se sont offert une voiture.*
- Si le verbe est précédé d'un COD, il y a accord avec ce COD.
→ *La voiture qu'ils se sont offerte est récente.*

Exercice 1 *

Recopiez les phrases en accordant les participes passés.

1. Les acteurs sont très concentré... .
2. Les chemins étaient couvert... de mousse.
3. Les motos seront décoré... .
4. Ces deux équipes sont parvenu... en finale.

Exercice 2 *

Recopiez les phrases en les complétant avec un verbe d'état qui doit, à chaque fois, être différent. Accordez les participes passés.

1. Ils ... égaré... dans le magasin.
2. Le client refuse ces fruits car ils ... abîmé... .
3. Les arbres couverts de givre ... pétrifié... .
4. Les bateaux ... enseveli... par la brume.

Exercice 3 *

Recopiez les phrases en accordant les participes passés.

1. Ce film est tourn... en décors réels.
2. Cette scène a été film... plusieurs fois.
3. Les spectateurs sont réjoui... .
4. La comédienne est sorti... sous les applaudissements du public.

Accorder un participe passé avec « avoir »

▶ Le participe passé employé avec « avoir » s'accorde avec le COD quand celui-ci précède le verbe.
→ *Les maçons ont terminé les murs.* (Le COD « murs » ne précède pas le verbe.)
→ *Les murs, les ouvriers les ont terminés !* (Le COD « les », mis pour « murs », précède le verbe.)

▶ Le COD peut être un pronom personnel ou un pronom relatif placé avant le verbe. Ces pronoms prennent le genre et le nombre des noms ou des pronoms qu'ils remplacent.
→ *Le public m'a applaudie, dit-elle.* (« m' » : pronom mis pour « elle ».)
→ *Je me rappelle des soirées que j'ai passées avec vous.* (« que » pronom relatif mis pour « soirées ».)

Exercice 1 *

Recopiez les phrases en accordant les participes passés s'il y a lieu.

1. Le peintre a nettoyé... ses pinceaux et les a rangé... dans la camionnette.
2. La lettre que tu nous as envoyé... des États-Unis et que nous avons reçu... peu avant ton retour a parcouru... le monde.
3. Malgré le mauvais temps, ils nous ont accompagné... à la gare, dirent-elles.
4. L'histoire qu'il nous a raconté... était extraordinaire.
5. Les chemins, les sentiers et les routes que vous avez pris... vous ont fait perdre deux heures.
6. Quels CDs avez-vous emprunté... ?
7. Laquelle as-tu acheté... ?

Exercice 2 *

Recopiez les phrases en les complétant avec les verbes de la liste conjugués au passé composé. Accordez chaque participe passé.

Liste : *faire, emprunter, subir, récolter, permettre, recouvrir, porter.*

1. La casquette que vous ... était extravagante.
2. Les marins ... une violente tempête.
3. Les montagnes que les nuages ... sont désormais invisibles.
4. Ils ... les fruits de leur travail.
5. Les chemins que vous ... étaient boueux.
6. Elles ... des économies qui leur ... de faire un magnifique voyage.

Employer les registres de langue

On différencie trois registres de langue.

▶ Le **registre familier** correspond à la parole spontanée. Ses caractéristiques sont :
– des mots argotiques, des abréviations, des répétitions ; → *Casse-toi !* (Mot argotique)
– des constructions incorrectes de phrases.
→ *Il va pas au cinéma.* (Oubli de la double négation)

▶ Le **registre courant** est employé avec des personnes que l'on ne connaît pas ou mal. Ses caractéristiques sont :
– des mots simples connus de tous ;
– des phrases grammaticalement correctes sans effets particuliers. → *Il ne va pas au cinéma.*

▶ Le **registre soutenu** est employé dans les textes littéraires, les discours. Ses caractéristiques sont :
– des mots choisis et nuancés ;
→ Un *cabriolet* pour une voiture
– des phrases complexes ;
– des figures de style.
→ Un *grand petit homme.*

Exercice 1 *

Dans le texte ci-dessous, on trouve les trois registres de langue. Relevez un passage significatif de chaque registre.

– Eh bien, dit Flavie, tu manges pas ?
– Pas faim.
– Il faut manger. Si la Maïré arrive elle va gueuler. Allez, va, mange. Tout s'arrangera. Tu vois bien que Pierre est pour nous. S'il décide que tu resteras avec mademoiselle Brunie, t'as pas de soucis à te faire. Mais tâche de tenir le coup et travailler dur.
Je hochai la tête, mangeai une châtaigne, puis une autre. Elles me restaient collées au palais, me plâtraient la langue, résistaient à la déglutition.
– Bois un peu de lait, ça les fera descendre.
Je me sentais écrasée de lassitude, des flocons de mauvais sommeil dans la tête.

Michel Peyramaure, *L'Orange de Noël*, Robert Laffont, 1982.

Exercice 2 *

Réécrivez en registre courant les passages de registre familier du texte ci-dessus.

Choisir un synonyme ou un antonyme

▶ Un synonyme est un mot de même sens ou de sens proche d'un autre mot.
→ Les synonymes de « beau » sont « admirable, magnifique, merveilleux »...

▶ Le synonyme d'un mot peut être un mot plus précis.
→ Les mots plus précis du mot « rue » peuvent être « ruelle, impasse, voie »...

▶ Un antonyme est un mot de sens contraire d'un autre mot.
→ « Beauté » est l'antonyme de « laideur ».

Exercice 1 *

Voici une série de douze mots. Classez-les en trois listes de quatre synonymes chacun.

Liste : *scène, comédien, image, photo, planches, acteur, tragédien, cliché, plateau, artiste, épreuve, tréteaux.*

Exercice 2 **

Réécrivez les phrases suivantes en remplaçant le mot souligné par un mot plus précis.

1. Le journaliste a rédigé son texte.
2. Le marin prépare son bateau.
3. Le jardinier plante des arbres.
4. Il prend le train pour rentrer chez lui.
5. L'ébéniste lustre le meuble.
6. Chaque semaine, il dévore un livre.

Exercice 3 *

Trouvez les antonymes des mots suivants :
bas, souriant, aimer, vivant, gagner, revenir, acheter, courageux, héros, tragédie, énorme, irréel, possible, finir, bavard.

Exercice 4 **

Réécrivez les phrases suivantes en remplaçant le mot souligné par un antonyme.

1. Les invités ont passé une belle soirée.
2. Le climat de cette région est doux.
3. Les héros sont des hommes droits.
4. Le cordon de dunes protège les habitations.
5. Tes propos sont très clairs.

Supprimer les répétitions

▶ Une répétition est un mot ou une expression écrit(e) ou dit(e) à plusieurs reprises dans une phrase ou un paragraphe.
→ *Dans ce film, les acteurs sont excellents. Les acteurs jouent leur rôle à la perfection.*
Le mot « acteur » est répété.
▶ Pour supprimer une répétition, on peut employer un pronom. Ce pronom prend le genre (féminin ou masculin) et le nombre (singulier ou pluriel) du mot qu'il remplace.
→ *Ils jouent leur rôle à la perfection.*
▶ Pour supprimer une répétition on peut employer un synonyme.
▶ Pour supprimer une répétition, on peut employer une périphrase. Une périphrase est une expression qui remplace un mot.
→ « La capitale de la France » est la périphrase qui peut remplacer le mot « Paris ».

Exercice 1 *

Dans les phrases ci-dessous, relevez les répétitions et supprimez-les en employant un pronom.

1. Le récit se déroule au XIXe siècle. Ce récit raconte les aventures de Jean Valjean.
2. Les péripéties sont impressionnantes. Les péripéties tiennent le lecteur en haleine.
3. Les héros contemporains ont des dons extraordinaires. Certains héros ont le don de lire dans les pensées.

Exercice 2 *

Dans les phrases ci-dessous, relevez les répétitions et supprimez-les en employant un synonyme.

1. Les images qu'il nous montre ont été prises pendant ses vacances. Ces images montrent des paysages paradisiaques.
2. Ce film raconte la tragédie du Titanic. Dans ce film, on découvre la tragédie vécue par les passagers.
3. Au théâtre, les comédiens s'adressent à la fois aux spectateurs et aux autres comédiens.

Exercice 3 **

Quelle périphrase peut remplacer les noms ou les expressions de la liste ci-dessous ?

Liste : *Rome, la résidence du président des États-Unis, le pétrole, le cinéma, l'Himalaya, le français, l'anglais, le lion, Louis XIV, le XVIIIe siècle.*

Utiliser les préfixes et les suffixes

▶ Un préfixe est un élément que l'on ajoute au début d'un mot pour en modifier le sens.

Préfixes	Sens	Exemples
co-	avec	coauteur
e-, ex-	hors de	extraire
in-, im-, il-	1. dans 2. privé de	infiltrer impropre
multi-	nombreux	multiforme
pré-	avant	prévenir
pro-	en avant	projeter
poly-	plusieurs	polygone

▶ Un suffixe est un élément que l'on ajoute à la fin d'un mot pour en modifier le sens.

Suffixes	Sens	Exemples
-aire, -er, -ieur, -eur	agent	acteur
-aison, -ion, -sion, -ment	action	livraison
-ule, -eau, -elle, -illon	diminutif	chevreau
-able, -ible, -uble	possibilité	faisable
-ain, -ien, -ais, -ois	habitant	français
-al, -ier, -if, -u	qualité	glacial

Exercice 1 *

Associez chaque définition au mot qui convient.

Liste de mots : *expulser, exterminer, expatrier, incinérer, concourir, compatir, contourner, intercaler, interpréter, intervenir, réadapter, réajuster, ressaisir, préparer, prévoir, prétendre.*

Définitions

1. Prendre de nouveau possession.
2. Juger par avance.
3. Disposer une chose entre d'autres choses.
4. Contraindre quelqu'un à quitter son pays.
5. Être en compétition avec d'autres.

Exercice 2 *

En vous aidant de la liste des principaux suffixes, rédigez la définition des mots ci-dessous.

guérison, globule, boulonnais, consommateur, conducteur, oisillon, soluble, canadien, râleur, infernal.

Ponctuer ses phrases

▶ Les signes de ponctuation qui terminent une phrase :
- le point (.) à la fin d'une phrase déclarative ;
- le point d'interrogation (?) à la fin d'une phrase interrogative ;
- le point d'exclamation (!) à la fin d'une phrase exprimant un ordre, un sentiment ;
- les points de suspension (…) à la fin d'une phrase coupée ou pour marquer une hésitation.

▶ À l'intérieur de la phrase, on peut trouver trois signes de ponctuation :
- la virgule (,) sépare des mots ;
- le point-virgule (;) sépare des propositions ;
- les deux-points (:) introduisent une explication, des paroles rapportées…

Exercice 1 *

Recopiez le texte ci-dessous en le ponctuant.

Marignan assis à une table voisine de la mienne a commandé un alcool de riz et après en avoir goûté une gorgée a dit au barman
– Il n'a pas le goût qu'il avait en Chine
Alors je lui ai demandé à brûle-pourpoint
– Vous connaissez la Chine monsieur
Nous avons bavardé jusqu'à quatre heures du matin J'ai voulu savoir si de nos jours un Occidental avait quelque chance de pénétrer dans ce mystérieux pays et de l'explorer en liberté Il a eu une légère hésitation et d'une voix solennelle
– Je crois que c'est possible

Patrick Modiano, *Livret de famille*, Éd. Gallimard, 1977.

Exercice 2 **

La ponctuation détermine le sens d'une phrase. Changer la manière de ponctuer produit un nouveau sens. Expliquez, pour chaque phrase ci-dessous, quels sont les deux sens produits.

1. a) Le chien de la voisine, que j'ai dû enfermer, est enragé. b) Le chien de la voisine que j'ai dû enfermer, est enragé.
2. a) Le boulanger dit : « ce monsieur est un brave homme. » b) « Le boulanger, dit ce monsieur, est un brave homme. »
3. a) « Veuillez attendre Mademoiselle ! »
b) « Veuillez attendre, Mademoiselle »

Enrichir ses phrases

Pour enrichir une phrase, on peut ajouter des adjectifs qualificatifs et des compléments.

▶ Les adjectifs qualificatifs précisent l'état, la forme, la couleur… d'une personne, d'un objet ou d'un lieu. → *Le décor choisi par le metteur en scène représente un somptueux intérieur bourgeois.* « Somptueux » et « bourgeois » sont des adjectifs.

▶ Certains compléments du verbe permettent de préciser la manière, le lieu, le moment… d'une action. → ***Le metteur en scène choisit avec soin le décor.*** « Avec soin » est complément indiquant la manière.

▶ Les compléments du nom précisent la matière, la qualité, l'appartenance … d'une personne, d'un objet ou d'un lieu. → *Le décor de la pièce représente un intérieur bourgeois.* « De la pièce » est complément du nom « décor ».

Exercice 1 *

Dans le texte ci-dessous, repérez les adjectifs, les compléments du verbe et les compléments du nom.

Mac Coy promena ses yeux bruns, caressants comme ceux d'une femme, des rivages abrupts de Pitcaïrn aux hommes de l'équipage, qui attendaient, aussi anxieux que leur capitaine, la décision qui tomberait de ses lèvres. Mais il ne se pressait pas. Il réfléchissait, lentement et sagement, avant de formuler sa réponse.

Jack London, *Contes des mers du Sud*, traduction Paul Gruyer, Éd. Phébus, 2001.

Exercice 2 **

Recopiez et complétez le texte avec les mots de la liste.

Liste : *affamé, turbulente, d'adieux, géographiques, dans la gare Saint-Charles.*

Le train pour Paris partait à 11 h 48. Dès le début de la matinée, Idriss errait … . L'atmosphère … le grisait agréablement. Dans sa détresse, il se sentait conforté par les scènes … et de retrouvailles qui accompagnaient chaque départ et chaque arrivée d'un train, et auxquelles il participait en témoin … . Il interrogeait ses maigres connaissances … pour essayer d'imaginer la destination des convois.

Michel Tournier, *La Goutte d'or*, Éd. Gallimard, 1988.

Rédiger une phrase simple

▶ Une phrase simple ne comporte qu'un verbe conjugué.
→ *Une tragédie se termine par la mort.*
Pour savoir si un verbe est conjugué, on change de temps. Si le verbe change, le verbe est conjugué.
→ *Une tragédie se termine par la mort./ Une tragédie se terminait par la mort.*
▶ Pour rédiger une phrase simple, on peut suivre le schéma suivant : sujet + verbe + compléments
→ *Charlie Chaplin* (sujet) *fut* (verbe) *l'un des grands acteurs du muet* (complément).
▶ Pour mettre en valeur un complément, on le met en tête de phrase.
→ *Je t'ai prêté ce film hier.*
Hier, je t'ai prêté ce film.

Exercice 1 *

Relevez les phrases simples dans le texte ci-dessous.

Christophe l'attendit. Elle ne revint pas. Il avait honte de son action : il sentait qu'il s'était conduit comme un petit goujat. Aussi, il était à bout. Elle se moquait de lui avec trop d'effronterie !

Romain Rolland, *Jean-Christophe*, Éd. Albin Michel, 1904.

Exercice 2 *

Rédigez une phrase simple avec les mots de chacune des séries.

Série 1 : *les spectateurs, aussi bien la scène, regardent, dans le théâtre italien, que les autres spectateurs.*
Série 2 : *un effet, les plans, créent, d'une image, de profondeur.*
Série 3 : *les acteurs, plusieurs fois, généralement, au cinéma, les scènes, tournent.*
Série 4 : *des autres personnages, dans un récit fantastique, ne tient pas compte, le héros, des nombreux avertissements.*

Exercice 3 *

Réécrivez la phrase de la série 4 ci-dessus en la commençant par « des nombreux avertissements ». Quels changements devez-vous effectuer ?

Rédiger une phrase complexe

▶ Une phrase complexe contient plusieurs verbes conjugués.
→ *Une métaphore est une figure de style qui réunit deux réalités différentes.*
▶ Elle peut regrouper plusieurs phrases simples réunies par un mot comme « mais, ou, et, donc, or, ni, car »…
→ *Le rideau tombe. Les acteurs saluent le public./Le rideau tombe et les acteurs saluent le public.*
▶ Elle est composée d'une proposition principale et d'une ou de plusieurs propositions introduites par un mot comme « quand, parce que, si, qui, que, dont où, lequel »…
→ *Quand les trois coups retentissent, le rideau se lève.*
→ *La photo qui illustre le livre a été prise par Doisneau.*

Exercice 1 *

Dans le texte ci-dessous, relevez les phrases complexes. Combien de propositions contiennent-elles.

Le lendemain, vers quatre heures de l'après-midi, une immense voiture bleue décapotée s'arrêta devant la maison. Le chauffeur distingué, en uniforme gris, nous annonça que j'étais invité à goûter au « manoir ». Je m'empressai de cirer mes godasses, mis mon unique costume, devenu trop petit, et m'installai à côté du chauffeur, qui se révéla être un Anglais.

Romain Gary, *Les Cerfs-volants*, Éd. Gallimard, 1980.

Exercice 2 **

Construisez une phrase complexe à partir des phrases simples suivantes.

1. Cette poésie est rédigée en vieux français. Elle a été écrite au XVIe siècle.
2. Cette exposition est remarquable. Le public s'y rend en masse.
3. Dans cette pièce, le rôle du père est très sévère. Ce n'est qu'une apparence.
4. Je t'offre ce coffret DVD. Il réunit tous les films de ton acteur préféré.
5. Le héros de cette histoire est extraordinaire. Tu m'as parlé de ce héros.

Crédits textes

P. 14 : Camara Laye, *L'Enfant noir*, Librairie Plon, 1953. P. 18 : Michel Leiris, *L'Âge d'homme*, in *L'Âge d'homme* précédé de *De la littérature considérée comme une tauromachie*, Éd. Gallimard, 1939. P. 20 : Georges Perec, *W ou le souvenir d'enfance*, Éd. Denoël, 1975. P. 22 : Marjane Satrapi, *Persepolis*, volume 3, Éditions de l'Association, 2002. P. 23 : Riad Sattouf, *L'Arabe du futur* aux Éditions Allary. P. 33 : Michel Tournier, *Vendredi ou la vie sauvage*, Éd. Gallimard, 1971 ; Roland Barthes, *Roland Barthes par Roland Barthes*, Éd. Du Seuil, 1975 ; Georges Perec, *Je me souviens*, Éd. Denoël, 1978. P. 36 : Didier Daeninckx, « Solitude numérique », in *Passages d'enfer*, Éd. Denoël, 1998. P. 38 : Boris Vian et Alain Goraguer, « Complainte du progrès » © Warner chappell Music France, 1956. P. 40 : Erik E…, « Auto Friction », *Le Canard enchaîné*, 23/09/2015. P. 42 : *Le Gora×*, 29/09/2015. P. 56 : Blaise Cendrars, *Prose du Transsibérien et de la petite Jehanne de France*, in *Poésies complètes*, extrait tiré du volume 1 de « Tout autour d'aujourd'hui », Nouvelle édition des œuvres complètes de Blaise Cendrars, dirigée par Claude Leroy, Éd. Denoël, 1947, 1963, 2001, 2005. P. 60 : Eugène Guillevic, *Creusement*, Éd. Gallimard, 1987. P. 62 : Blaise Cendrars, *Feuilles de route*, Éd. Denoël, 1924. P. 64 : René Guy Cadou, in « Quatre poèmes d'amour à Hélène », *Hélène ou le règne végétal*, Éd. Seghers, 1952, 2011. P. 78 : Jean Guéhenno, *Journal des années noires (1940-1944)*, Éd. Gallimard, 1947. PP. 80-82-84-86 : George Orwell, *La Ferme des animaux*, traduction Jean Quéval, Éd. Ivréa, 1945. P. 100 : Isaac Asimov, *Cercle vicieux*, in *Les Robots*, Éd. Flammarion, 1942. P. 102 : Philip K. Dick, *Minority Report*, traduction Hélène Collon, Éd. Denoël, 1956. P. 104 : Aldous Huxley, *Le Meilleur des mondes*, traduction Jules Castier, Éd. Plon, 1932. P. 106 : Ira Levin, *Un bonheur insoutenable*, traduction Franck Straschitz, Éd. Robert Laffont, 1971. P. 108 : Jean-Marc Lemaître, « Mon métier : lutter contre le vieillissement », *Libération*, 13 novembre 2013. P. 272 : Guillaume Apollinaire, « Si je mourais là-bas », in *Poèmes à Lou*, Éd. Gallimard. P. 273 : Guillaume Apollinaire, « Adieu », in *Poèmes à Lou*, Éd. Gallimard.

Crédits iconographiques

1re de couv : bas droite ROGER-VIOLLET/Ullstein Bilderdienst ; bas gauche ANDIA/Marchal ; droite FOTOLIA/william87 ; haut gauche ANDIA/Altopress/Boniek ; 13 bas © Collection of the Norman Rockwell Museum at Stockbridge, Norman Rockwell Art Collection © Printed by permission of the Norman Rockwell Family Agency, © 1960 the Norman Rockwell Family Entities ; 13 ht FOTOLIA/william87 ; 15 SIGNATURES/Jean-Pierre Sagest ; 16 bas BIS/Ph. Coll. Archives Larbor ; 16 ht LEEMAGE/DeAgostini ; 17 BIS/Ph. © Ordrupgaard Museum, Copenhague - Archives Larbor ; 18 BIS/Ph. Patrice Pascal © Archives Larbor ; 19 LEEMAGE-OPALE/Gallimard/Roger Parry ; 20 AFP/UPI ; 21 TARASKOFF Marc ; 22 bas © 2002, Marjane Satrapi & L'Association ; 22 ht ENTZMANN Cyril/Divergence ; 23 EDITIONS ALLARY/Riad Sattouf, "L'Arabe du futur", volume 1, 2015 ; 24 bas LEEMAGE/FineArtImage ; 24 ht LEEMAGE/FineArtImage ; 25 bas BRIDGEMAN IMAGES/© Successio Miro - Adagp, Paris, 2016 ; 25 ht BIS/© Archives Larbor ; 27 FOTOLIA/Lorelyn Medina ; 28 bas d CHRISTOPHE L COLLECTION/© Video Entertainment ; 28 bas g CHRISTOPHE L COLLECTION/© Legende Films ; 29 ht d CHRISTOPHE L COLLECTION/© Handprint Entertainment/Lions Gate Films ; 29 ht g CHRISTOPHE L COLLECTION/© Columbia Pictures ; 30 GAMMA RAPHO/Keystone ; 31 bas d FOTOLIA/ViewApart ; 31 bas g FOTOLIA/Zerophoto ; 31 ht d FOTOLIA/Friedberg ; 31 ht g FOTOLIA/Korionov ; 31 m FOTOLIA/kieferpix ; 35 Miss Lilou - Acturatons ; 37 UMBDENSTOCK Phil ; 38 BIS/Ph. Teddy Piaz © Archives Larbor - DR ; 39 BIS/Ph. Coll. Archives Nathan ; 41 ICONOVOX/Jiho ; 43 CHRISTOPHE L COLLECTION/© Etienne George ; 44 LEEMAGE/Selva ; 45 bas TABARY Nicolas ; 45 ht VIDBERG Martin ; 47 d LEEMAGE/DeAgostini ; 49 FOTOLIA/Monkey Business ; 50 CHRISTOPHE L COLLECTION/© United Artists ; 51 d CHRISTOPHE L COLLECTION/Touchstone pictures ; 51 m CHRISTOPHE L COLLECTION/Columbia pictures ; 51 g CHRISTOPHE L COLLECTION/Dreamworks ; 53 bas FOTOLIA/danimages ; 53 ht FOTOLIA/Diashule ; 55 BRIDGEMAN IMAGES/© ADAGP, Paris 2016 ; 56 FOTOLIA/Gleb Tarassenko ; 57 FOTOLIA/Adwo ; 58 d FOTOLIA/Starovoitora ; 58 ht g BIS/Ph. Coll. Archives Larbor ; 59 EDITIONS DELCOURT-2014 ; 60 ht BIS/Ph. Patrice Pascal © Archives Bordas ; 60 bas BIS/Ph. Iakov Kalinin ; 61 BRIDGEMAN IMAGES/Musée de l'Ermitage, Saint-Petersbourg ; 62 bas FOTOLIA/zzorik ; 62 ht ROGER-VIOLLET ; 63 LA COLLECTION/Artothek - Christie's ; 64 d FOTOLIA/Kebay ; 64 g BRIDGEMAN IMAGES/Bibliothèque nationale de France/© ADAGP, Paris 2016 ; 65 AKG-Images/Kunsthalle, Hambourg/© ADAGP, Paris 2016 ; 66 bas LA COLLECTION/Artothek/Alte Nationalgallerie, Berlin ; 66 ht LEEMAGE/Luisa Ricciarini ; 67 bas LA COLLECTION/Artothek/Christie's/© ADAGP, Paris 2016 ; 67 ht LEEMAGE/FineArtImages ; 68 FOTOLIA/binik ; 69 BIS/Ph. Lo Kiki ; 70 FOTOLIA/Erica Guilane-Nachez ; 71 ht FOTOLIA/Elenarts ; 71 bas FOTOLIA/Wichansumalee ; 72 bas FOTOLIA/Uoli ; 72 ht FOTOLIA/Graphithèque ; 73 ht d FOTOLIA/Jérôme Rommé ; 73 bas d FOTOLIA/ Philippe Devanne ; 73 m FOTOLIA/Adrenalinaspera ; 73 ht g FOTOLIA/Eleonore H ; 77 BIS/Ph. Michel Didier © Archives Larbor ; 79 KHARBINE-TAPABOR ; 80 BIS/Ph. Coll. Archives Nathan ; 81 The National Archives, Royaume-Uni © Flickr Commons ; 82 Penguin Publisher ; 83 CHRISTOPHE L COLLECTION/© Halas and Batchelor/DR ; 84 Penguin Publisher ; 85 BRIDGEMAN IMAGES/© Halas & Batchelor Collection Ltd ; 86 Penguin Publisher ; 87 CHRISTOPHE L COLLECTION ; 88 bas CHRISTOPHE L COLLECTION/Nord Ouest Productions/Jean-Claude Lother ; 88 ht CHRISTOPHE L COLLECTION/Nord Ouest Productions/Jean-Claude Lother ; 89 bas CHRISTOPHE L COLLECTION/Nord Ouest Productions/Jean-Claude Lother ; 89 ht CHRISTOPHE L COLLECTION/Nord Ouest Productions/Jean-Claude Lother ; 91 CHRISTOPHE L COLLECTION ; 92 d GETTY IMAGES France/CNP/Hulton Archives ; 92 g CHRISTOPHE L COLLECTION/© Weinstein Company - UK Film Council - See Saw Films - Beldam Productions/DR ; 94 FOTOLIA/Gerhard Seybert ; 95 ht FOTOLIA/WavebreakmediaMicro ; 95 bas d FOTOLIA/Syda Productions ; 97 bas BRIDGEMAN IMAGES/Rue des Archives/PVDE ; 97 ht GAMMA RAPHO/Keystone ; 97 m d BIS/© Archives Nathan ; 97 m g BRIDGEMAN IMAGES/Rue des Archives/AGIP ; 99 CHRISTOPHE L COLLECTION/© Gaumont BVI ; 100 PICTURETANK/Emile Loreaux : 101 CHRISTOPHE L COLLECTION/© New Line Cinema ; 102 LEEMAGE/Ef×gie ; 103 CHRISTOPHE L COLLECTION/© Paramount Television/20th Century Fox Television ; 104 LEEMAGE/MP ; 105 COSMOS/SPL/laguna Design ; 106 LEEMAGE-OPALE/Jerry Bauer ; 107 BRIDGEMAN IMAGES/Andrew Macara ; 108 GUENET FRANCOIS/Divergence ; 109 COSMOS/SPL/Smetek ; 110 bas CHRISTOPHE L COLLECTION/Sveriges Television (SVT) ; 110 ht CHRISTOPHE L COLLECTION/Sveriges Television (SVT) ; 111 bas CHRISTOPHE L COLLECTION/Sveriges Television (SVT) ; 111 ht CHRISTOPHE L COLLECTION/Sveriges Television (SVT) ; 113 g FOTOLIA/boltenkoff ; 113 m FOTOLIA/samoilenkomv ; 113 d FOTOLIA/Bitter ; 114 CHRISTOPHE L COLLECTION/© British Broadcasting Corporation (BBC) ; 115 CHRISTOPHE L COLLECTION/© British Broadcasting Corporation (BBC) ; 116 LEEMAGE/Novapix/P. Carril ; 117 d ESA / Division de la Communication/D. Ducros ; 117 g BRIDGEMAN IMAGES/RUE DES ARCHIVES/NASA ; 119 FOTOLIA/ra2 studio ; 121 CHRISTOPHE L COLLECTION/© Pathé/Les Productions du Ch'timi/TF1 Films Production

FSC
www.fsc.org
MIXTE
Papier issu
de sources
responsables
FSC® C022030

N° de projet : 10233593 - Dépôt légal Avril 2017- ALINEA - Imprimé en Italie par Bona SpA